나의 속도와 방향으로

- 29. 이른둥 잉여빵 전문가 … 70
- 30. 프리랜서의 안 좋은 점 … 72
- 31. 그런데 전문성이란 뭐지? … 74
- 32. 환기가 필요해 … 76
- 33. 티 안 나게 개은 사람 … 78
- 34. 이미 가진 것을 인정하고 써먹는 사람 … 80
- 35. 최소 시작의 법칙 … 82
- 36. 하다 보니 천직이 되었어요 … 84
- 37. 생산성보다 중요한 것 … 86
- 38. 저녁엔 제발 마음 편히 … 88
- 39. 실패도 인생의 소중한 장면 … 90
- 40. 시작을 가로막는 에고의 망상 … 94
- 41. 일단 적어야 한다, 그게 무엇이든 … 96
- 42. 자신감과 매력, 끌어올려! … 98
- 43. 다 잘 자자고 하는 일인데 … 100
- 44. 오케이, 여기까지! … 102
- 45. 확실한 행복 불질기 … 104
- 46. 나다운 게 뭔데! … 106
- 47. 움직이면 사라지는 목소리 … 108
- 48. 습관은 흐름결에서부터 … 110
- 49. 모든 삶에겐 각자의 시간이 있다 … 112
- 50. 마끔마끔한 연말 … 114
- 51. 나아가기 위한 브레이크 … 116
- 52. 연말정산은 연촛부터 … 118

- 내 일을 가치있게 만드는 방법
- 일하는 시간도 내 인생인디!
- 전문성을 어떻게 쌓지?
- 거리감이 주는 자유
- 혹시 당신은 OO한 게으름뱅이?
- 내가 능력을 발휘하지 못하는 진짜 이유
- 최소 노력의 법칙
- 천직으로 이직하기 위해 필요한 기술 5
- 생산성보다 불안을 관리해요
- '생산성 수치심'에서 벗어나는 방법
- 최선을 다했지만 실패할 때 당신에게
- 예고가 나를 방해할 때 생기는 일
- 일기 쓰는 법
- 의모 자신감 높이는 법
- 품질 잠 준비됐나요?
- 적정하는 습관을 없애는 6가지 방법
- 행복감을 가라앉히는 47가지 사고습관
- 새로운 시도의 의외의 장애물은 OOO?!
- 부정적인 생각과 거리 두는 기술 5
- 아주 작은 습관의 힘
- 내가 잘못 산다고 말하는 세상에게
- 기분이 안 좋은데도 계속 미루는 이유
- 자기 제한적 신념에서 벗어나는 법!
- 한 해를 회고할 때 기억할 것 3

chapter 5. 일상

정성스러운 반복

제이노트의 '비주얼 노트' 제작 과정 … 122

에필로그 … 129

"좋은 생각이 더 오래 머물도록
머릿속에 그림을 그려요."

지은이 제이노트 (@_j.note)

프리랜서 콘텐츠 창작자. 좋은 생각이 오래 머물도록 머릿속에 그림을 그리는 사람. 그리고 그걸 잘 나누려고 애쓰는 사람. 인스타그램 계정에 격주로 '한 페이지 비주얼 노트'를 게시한다. 감명 깊게, 유용하게 읽은 책과 강연의 핵심을 단 한 페이지로 간결하고 명확하게 시각화하는 방식은, 저자만의 고유한 해석과 감각이 깃든 작업이다. 2020년 5월, 30일 챌린지 참여를 계기로 '어쩌다' 시작한 사적인 계정은 어느새 많은 사람들과 노트를 나누는 공간이 되었다. 〈한 페이지를 만드는 사람〉은 저자의 첫 책이자, 콘텐츠의 바다에서 길을 잃은 이들에게 작은 이정표가 되어 줄 책이다.

감사의 말

이 책은 여러 콘텐츠, 특히 책과 강연에서 영향을 받아 만들어졌다. 각 비주얼 노트 아래에는 제작에 영감을 준 콘텐츠의 출처를 함께 표기했다. 에세이 아래 인용문은 별도로 출처를 밝히지 않은 경우, 해당 노트의 출처와 같다. 이 책, 더 나아가 내 생각과 삶에 영향을 준 모든 저자들, 그리고 공감과 응원으로 함께해 주는 팔로워분들께 온 마음을 다해 감사드린다.

한 페이지를 만드는 사람
: 좋은 생각이 더 오래 머물도록

제이노트

HB PRESS

프롤로그

"그래, 바로 이거야!"

책을 읽다 보면 어렴풋한 내 생각을 대신 말해 주는 또렷한 문장을 만나게 된다. 그 구체적이고 적확한 단어들의 조합을 보고 있으면, 얼굴 어딘가에 붙어 나를 간지럽히는 고양이 털을 겨우 집어냈을 때의 개운함, 러닝을 마치고 벌컥벌컥 들이켜는 시원한 물 한 잔의 충만함을 느낀다.

처음에는 문장이 마음에 들어 밑줄을 긋고 노트에 옮겨 적기 시작했다. 한 권 두 권 읽은 책과 함께 늘어나는 문장들을 곱씹다 보면 나도 모르게 근질근질 피어나는 생각들이 있었다. 그 경험이 반복되면서 자연스럽게 깨달았다. 내가 좋아하는 건 어떤 문장 자체가 아니라, 그 안에 담긴 생각이라는 걸. 그리고 그 생각이 내가 하고 싶은 이야기였다는 걸 말이다.

나만의 언어로 분명하게 표현하지는 못해도, 세상을 향해 하고픈 이야기가 누구에게나 있다고 믿는다. 더 나은 삶의 방식과 세상을 향한 바람 같은 것에 관해서. 확신이 없거나 용기가 부족해서, 표현할 방법을 몰라서 그저 마음에만 담아두고 있을 뿐. 나 역시 그런 사람이었다. 그런데 책을 읽다 보니 내 마음을 대신해 주는 반가운 문장들을 만났고, 그에 기대 내 목소리를 조금씩 낼 수 있게 됐다.

그렇다면, 나는 왜 이 기록을 '글'이 아닌 '그림'으로 남겼을까?

글로 생각을 표현하는 데는 늘 아쉬움이 남지만, 그림은 내게 좀 더 익숙한 도구다. 길고 복잡한 문장보다 직관적이고 임팩트 있게 전할 수 있고, 누구에게나 덜 부담스럽게 다가갈 수 있고 말이다.

〈한 페이지를 만드는 사람〉은 그렇게 다른 이들의 글이나 말에 기대어 떠오른 생각을 쓰고 그린 것을 모은 책이다. 꾸준히 기록을 쌓아 가는 일은 쉽지 않다. 나 역시 책을 읽고 강연을 들으며 많은 생각을 휘갈겨 썼지만, 대부분은 기억과 함께 흩어졌다. 그런데 여기에 모인 것들은 사라지지 않고 한 권의 책으로 묶이게 되었다. 그 차이는 단 하나였다. 내가 나만을 위한 메모가 아닌, 누군가와 나누기 위한 기록으로 남겼다는 점.

혼자 하는 기록도 충분히 소중하다. 하지만 공유하는 기록은 연결을 만들고, 그 연결은 예상치 못한 재미와 새로운 기회, 기록을 지속해 나갈 더 많은 이유와 동력이 되어 준다.

당신은 어떤 이야기를 하고 싶은가? 꼭 내 마음 같은 문장을 만난 적이 있다면, 당신도 나처럼 그 문장에 힘입어 기록을 남겨 보는 건 어떨까? 그리고 한 걸음 더 나아가, 그 기록을 누군가와 나눠 보는 건 어떨까?

이 책은 가볍게 펼쳐도 좋고, 어디서부터 읽어도 상관없다. 어느 한 문장이 당신에게 닿아 무언가를 시작해 볼 계기가 된다면 그걸로 충분하다.

2025년 5월의 제이가

Chapter 1. 인생

1.
단 한 가지

중요한 한 가지에 집중하지 못하는 이유 원씽(The One Thing) | 게리 켈러, 제이 파파산

"동은이의 공간은 굉장히 단출해요. 침대도 프레임도 없고 그냥 매트만 깔려 있다든가 복수 하나만을 위해 살아온 인물이라는 걸 보여주기 위해, 공간 안에 예쁜 소품은 모두 배제하고 최소한의 인테리어로 쓸쓸한 느낌을 극대화했죠."

넷플릭스 시리즈 〈더 글로리〉의 인기가 아주 뜨거웠다. 평소 잔인하고 무서운 건 전혀 보지 못하는 내가 용기를 내서 볼 정도였으니 말이다. 정주행을 마치고 아쉬운 마음에 비하인드 코멘터리 영상까지 찾아봤다. 거기서 연출자인 안길호 감독이 아주 인상적인 말을 했다. 주인공 동은의 방 구성에 관한 코멘트였다.

나는 올해 첫 책으로 읽었던 〈원씽The One Thing〉이 떠올랐다. 책에서는 "내 삶을 의미 있게 만드는 단 하나(the one thing)를 찾아 가장 많은 시간과 에너지를 쏟으라, 탁월한 성과의 비밀이다."라고 말한다. 새해를 맞이하는 시점에 딱 좋은 메시지였다. 밑줄을 쫙쫙 그어 가며 읽고 의욕에 불타올라 새해를, 아니 인생을 정말 중요한 것에 집중하며 낭비 없이 살아 보리라 다짐했었다.

그렇게 몇 개월이 흘러… 나의 'one thing'은 everything과 anything 사이를 오가며 흐지부지되었다. 그러다 우연히 본 드라마 속에서 희미해져 가는 나의 one thing을 떠올리게 된 것이다. (앗, 예상치 못한 드라마의 순기능!) 복수 하나만을 위해 살 수밖에 없었던 동은, 그녀는 방에 삶을 이루는 다른 어떤 요소도 들이지 않았다. 그 단출함이 슬펐다. 하지만 머릿속이 온갖 생각들로 들어차 어느 하나에도 제대로 초점을 맞추지 못하고 있는 지금의 나에게, 동은의 방은 내가 그렇게도 찾던 공간 같았다. 삶의 초점이 분명한 사람의 머릿속 말이다.

올해의 첫 책을 다시 꺼내 읽으며 나의 '단 하나'가 무엇이었는지 떠올렸다. 연초에는 방도 깨끗했고 마음도 정돈된 상태였다. 하지만 어느새 방에도 마음에도 잡다한 것들이 쌓였다. 정말 중요한 것에 집중하지 않으면 나도 모르는 새 중요하지 않은 것들에 자리를 내주게 된다는 것을 새삼 깨닫는다. 이번에는 연초처럼 비장한 다짐은 하지 않았다. 대신 방을 더 자주 청소해 주기로 했다. 너무 많은 것들이 쌓여 '에라 모르겠다' 하고 미루다 또 내년 대청소를 기다리지 않도록.

"두 마리 다 쫓으면… 두 마리 다 잡지 못할 것이다."

2.
삶은 여행자처럼

자아에 대한 불편한 진실   알고리즘에 갇힌 자기 계발 | 마크 코켈버그

얼마전 유튜버 빠니보틀의 〈알프스 산장 알바편〉 영상을 봤다. 알프스의 아름다운 경치도 감상하고, 그곳의 산장 생활을 엿보는 것도 흥미로웠지만, 가장 인상적이었던 건 영상 마지막에 등장한 현지 가이드 롤란드 아저씨의 말이었다.

그는 빠니보틀에게 말했다.

"그래, 너는 여행자야. 여행자들은 대체로 쉬워(여유로워). 하지만 여행자가 아닌 사람들은 항상 서두르지. 계속 늦었다고 말하지만 시계를 보면 아직 10분이나 남았는걸!"

여행을 가면 모든 것이 새롭다. 다시 돌아갈 시간이 정해져 있기에, 매 순간을 더 아낌없이, 더 깊이 누리려 한다. 혹시라도 중요한 장면을 지나칠까 서두를 수가 없다. 여행하듯 살라는 말은 이제 흔한 표현이 됐지만, 가끔은 다시 떠올릴 필요가 있다.

살아갈수록 삶은 정말 여행과 닮았다는 생각을 하게 된다. 내 맘대로, 내 계획대로 되지 않는다는 점에서, 그리고 더 많은 여지를 둘 때 오히려 삶이 더 풍요롭고 재밌어진다는 점에서. 그러니 목적지를 향해 서둘러 가기보다, 그 과정에서 만나는 사람과 환경이 나를 어떻게 변화시키는지, 통제할 수 없는 요소들이 어떻게 나만의 길을 빚어 가는지 호기심과 기대를 가지고 지켜봐야 한다.

이런 태도로 살아간다면, 언젠가 삶이라는 긴 여행을 돌아보며 '참 괜찮은 여정이었다'고 말할 수 있지 않을까.

> "인간의 자아는 관계적이라고 말할 수 있다. 자아는 오직 타인과 더 넓은 세상과의 관계 속에서 존재하고 발전할 수 있다."

3.
맨눈으로 직접 보기

관찰할 때 일어나는 일   관찰력 기르는 법 | 사도시마 요헤이

어떤 독서모임을 계기로 가수 이적의 책 〈이적의 단어들〉을 읽게 됐다. 책에 대한 감상을 한마디로 표현하자면, '충격적'이라는 말밖엔 떠오르지 않았다. 충격이라는 단어는 평소에 잘 쓰지 않는 편인데, 이 책만큼은 다른 단어가 떠오르지 않는다. 이 책이 나에게 이토록 강렬하게 다가온 이유는 이적의 기발한 생각과 표현 때문이기도 하지만, 그 바탕이 되는 그의 세심하고도 예리한 관찰력 때문이다. 덕분에 나는 내가 그동안 아무것도 관찰하지 않고 지내 왔다는 사실을 깨달았다. 그 깨달음이 나를 뒤흔들었다.

   책 속에는 그가 직접 본 이야기로 가득하다. 자신의 일상과 삶을 둘러싼 일과 사람, 사소한 사건들과 시간을 눈과 마음으로 꼼꼼히 어루만지며 의미를 빚는다. 그리고 자신만의 언어로 적어 낸다. 그의 문장을 읽다 보면, 그의 경험이 내 경험처럼 생생하게 다가온다. 그의 생각인데 마치 내 것인 양 어떤 마음인지, 어떤 생각인지 너무 알겠어서 계속해 끄덕이게 되고, 미소가 지어지기도, 서글퍼지기도 한다. 이적의 관찰은 내가 보지 못하던 것까지 보게 했다.

   언제부턴가 나는 맨눈으로 세상을 보지 않고 있다. 이미 본 것이라고, 아는 것이라며 보지 않는다. 다 알고 있어서 더 볼 것도, 생각할 것도 없다고 판단해 버린 '머리'로 세상을 본다. 그게 아니면 타인의 눈으로 필터링된 콘텐츠나 리뷰, 댓글을 통해 세상을 본다. 관찰을 외주 주는 게 습관이 되면서, 일상에서 직접 보며 의미를 발견할 자력을 잃어버렸다. 그러면서 일상은 지루하고 무료하다며 더 참신한 것이 필요하다고 두리번거렸다.

   지금 내 일상은 '알다, 이해하다, 생각하다'라는 주동사들로 채워져 있다. 다시 '보다'라는 동사를 꺼내야겠다. 찾아보고, 지켜보고, 살펴보는 연습부터 시작해야겠다. 아무것도 모르는 아이처럼 새 눈으로, 누군가 발견한 의미에 기대지 않은 맨눈으로 직접 보자.

"관찰력을 기르면 필연적으로 다른 능력도 길러진다."

4.
물건의 끝을 상상하는 습관

소비를 줄이면 일어나는 삶의 변화   디컨슈머 | J. B. 매키넌

이부자리나 책상처럼 눈에 보이는 공간은 그럭저럭 깔끔하게 유지하는 편이다. 하지만 겉으로 잘 보이지 않는 서랍과 옷장은 좀 다르다. 수납이 한계에 다다를 때까지 버티다가, 날을 잡고 청소를 한다. 여름과 겨울, 옷차림이 크게 바뀌는 두 계절 직전이 딱 적기다.

청소하는 날이 되면 먼저 창문을 연다. 서랍을 통째로 꺼내 책상 위에 쏟아낸다. 옷장도 활짝 열고 양팔 가득 옷을 끌어안아 바닥에 내동댕이친다. 이제 심판이 시작된다. 책상에 놓인 물건들을 본다. 봉투 끄트머리가 접힌 편지, 3분의 1쯤 남은 립밤, 말라 버린 일회용 인공눈물 껍데기, 팝업스토어에서 받은 유인물과 스티커, 너무 뻑뻑해서 몇 번 쓰다 방치된 카드지갑, 기록 중독자가 되겠다며 사놓고 두 장만 쓴 수첩. 바닥에 널브러진 옷들을 본다. 아, 이 옷이 있었지. 이 바지는 올해 한 번도 안 입었네. 이 티셔츠는 작아져서 못 입겠다. 이 재킷은… 태그도 안 뗐네.

어떤 연유로 이곳에 왔든, 1년 넘게 쓰이지 않았다면 자신의 존재 가치를 증명하지 못한 셈. 절반은 폐기처분형을 선고받고 나머지는 의류수거함으로 연행된다.

매년 반복되는 대청소와 버리기 끝에 자연스럽게 생긴 습관이 있다. 물건의 끝을 상상하는 일. 물건을 살 때, 언젠가 그것을 외면하게 될 순간을 떠올린다. 그러면 꼭 사야 할 이유가 희미해진다. 덕분에 소비는 줄었고, 대청소 후 생기는 쓰레기봉투도 작아졌다.

어떤 물건이 없어도, 나는 여전히 그대로였다. 소비하지 않아도 내 생각과 감정을 표현하는 데 아무 문제가 없었다. 소유하지 않았다고 해서 정체성이 흔들리는 일도 없었다. 꼭 필요한 것만 남기자 방에도, 마음에도 여유 공간이 생겼다. 소비를 줄인 만큼 자유가 채워졌다.

"소비하는 태도는 스치는 모든 것을 폐허로 만든다." 한나 아렌트

5.
매 순간을 충분히 음미하는 일

공간 감상법   공간 감상수업 1. 당신이 그곳을 좋아하는 진짜 이유를 아나요? (롱블랙) | 조성익

우리 엄마는 양평에 산다. 나는 마음이 심란하거나 몸이 아프거나, 자연이 고플 때 엄마 집에 간다. 양평에 가면 하루에 세 번은 꼭 산책을 한다. (나는 산책 중독자다.) 일어나자마자 한 시간쯤 마을을 걷고, 아침을 먹고 볕이 뜨거워지기 전에 차를 타고 두물머리로 가서 한 시간 반쯤 강변을 걷는다. 그리고 저녁에 해가 뉘엿뉘엿할 때쯤 다시 마을을 산책한다.

서울에서 혼자 걷는 것과 양평에서 엄마와 걷는 것의 가장 큰 차이점은, 엄마의 '자연 해설 서비스'가 자동 지원된다는 것이다. 엄마는 걷는 내내 눈에 보이는 온갖 새와 나무, 꽃들의 이름을 쉴 새 없이 읊는다. '오늘도 물까치가 잔뜩 왔네. 전봇대 위 봐봐, 방울새야! 저건 오목눈이, 참새보다 작고 귀여워. 정수리 부분이 붉어 붉은오목눈이라고 해.', '저 배롱나무꽃 너무 예쁘지! 저건 이팝나무, 저건 해당화! 이건 그냥 수국이 아니라 산수국이야. 이 집에는 능소화도 심었네.' 해설은 계절을 따라 업데이트된다.

내가 아는 엄마는 늘 호기심이 많고, 특히 자연을 좋아한다. 같이 걷다가도 꽃 이름 팻말, 지역 유래, 지도 등을 멈춰 읽어 보고, 헷갈리는 나무 이름을 검색하느라 가다 서기를 반복한다. 어릴 때는 그게 답답하기만 했는데, 나도 나이가 들어서인지 그새 조금은 느긋해졌고, 100번 (흘려)들었던 새와 꽃 이름들 중 몇 개는 이제 기억할 수 있게 됐다. 그리고 신기하게도, 그 기억하는 이름의 새나 꽃을 발견했을 때의 반가움이 너무도 짜릿해, 나도 친구에게 엄마처럼 이야기해 주고 있다.

매일 같은 길을 걸어도 매번 새로운 길을 걷는 것처럼 들떠 있는 엄마를 보며, 삶을 음미하는 것, 충만히 누리는 것이 무엇인지 어렴풋이나마 알게 됐다. 열심히 살아도 여전히 삶이 빈곤한 것은 가진 것이 부족해서가 아니라, 지금 이 순간을 '대충' 흘려보내기 때문이 아닐까. 매 순간을 충분히 음미할 줄 아는 감각이, 삶을 더 풍요롭게 만드는지도 모르겠다.

"왜 하필, 공간을 감상해야 할까요? 공간이 우리의 감정과 행동을 바꾸거든요."

6.
소외된 감각이 없도록

감각적으로 살아요! 감각 사용설명서 (EBS 위대한 수업) | 찰스 스펜스

최근 몸 상태가 여러모로 좋지 않아 혈액 검사를 했다. 우려와 달리 모든 게 멀쩡했는데 딱 한 가지 문제가 있었다. 비타민 D 수치가 기준보다 훨씬 낮았다. 비타민 D가 부족하면 뼈와 근육이 약해지고, 우울증과 만성 피로, 면역력 저하까지 이어진다. 회사에만 갇혀 하루를 보내는 한국 대부분의 직장인들은 비타민 D 부족이라고 한다. 의사 선생님은 평소에 햇볕을 많이 쬐어 주는 것이 가장 좋다고 했지만, 나의 경우는 심각한 결핍 상태여서 주사를 맞으라 권했다.

"요즘 이유 없이 피곤하고 무기력했는데 이것 때문이었나!" 오랜만에 맞는 주사의 따끔함에 정신이 번쩍 들었다. 이제 30대가 넘으니 내 몸도 별 수 없구나 싶어 영양제도 챙겨 먹고, 자꾸 올라오는 우울감을 벗어나려 심리 관련 유튜브 영상과 책을 찾아본 노력들이 바보같이 느껴졌다. 자외선 차단을 핑계로 햇볕을 피하며 병을 얻고, 약 사느라 돈과 시간을 쓰고 있었다니. 내 건강을 위해서는 '햇볕을 쬐는 일이 가장 쉬웠어요'였는데 말이다.

해가 떨어진 뒤에야 집을 나섰던 산책 루틴을 낮 시간으로 바꿨다. 요즘엔 점심을 먹고 종종 작업실 근처 '남산 야외식물원'을 걷는다. 매일 무료로 쏟아지는 따사로운 햇볕을 쬐고 가을 냄새가 나는 선선한 바람을 쐰다. 초록불긋노르스름한 나무와 풀을 눈에 가득 담으며 실개천의 쫄쫄쫄 물 흐르는 소리를 따라 타박타박 걷고 있으면 행복감이 마구마구 솟아오른다. 밤에 소음 가득한 집 앞 대로를 따라 걸을 때는 느낄 수 없었던, 건강한 자극으로 오감이 생생히 깨어나는 느낌! 살아 있는 느낌이다.

찰스 스펜스의 〈감각 사용설명서〉 강의를 계기로 그동안 의식하지 못했던 여러 감각들에 관심을 갖게 됐다. 오늘 소외된 감각은 없는지 의식적으로 자극을 줘 본다. 특히 촉감! 팔이나 머리를 쓰다듬거나 셀프 허그를 해 본다. 시각에 집중된 활동이 많은 일상 속에서 오감을 균형 있게 만족시키는 일은 쉽지 않다. 하지만 의식적으로 감각을 깨우고 느끼다 보면 내 기분과 감정을 더 세심하게 들여다볼 수 있다. 내가 나를 잘 돌보고 있다는 느낌, 그게 일상의 만족으로 이어지는 게 아닐까.

> "그저 감각이 전해 주는 고요한 영향에 주의를 기울임으로써 이 모든 것,
> 그리고 이보다 훨씬 더 많은 것을 달성할 수 있다." 찰스 스펜스, 〈일상 감각 연구소〉

7.
나를 위한 연주

왜 행복해지지 않을까? 불변의 법칙 | 모건 하우절

한 살 많은 나의 언니는 어려서부터 음악적 재능이 뛰어났다. '절대 음감'을 가져서 한번 들은 곡을 따라 연주하거나 악보를 그릴 수 있을 정도였다. 배우지 않고도 여러 악기를 다룰 줄 알았다. 집에는 피아노뿐이었지만 언니는 학교 음악실에서 온갖 악기를 알아서 익혔고 교회에 있던 드럼까지 섭렵했다. 그에 반해 나는 듣는 귀만 있었을 뿐, 악기 연주는 꽝이었다. 거의 의무 교육처럼 주변 친구들 모두가 배웠던 피아노도 재미도 없고 끈기도 없어 한 달을 못 버티고 그만두었다.

내가 5학년이 되자, 엄마는 중학교 음악 수행 평가에서 연주할 줄 아는 악기가 하나도 없을 내가 걱정이 되셨나 보다. (난 캐스터네츠를 꽤 잘 쳤는데도 말이지.) 그래서 방과 후 플루트 수업에 보내셨다. 맨날 운동장에서 해가 지도록 축구와 피구만 하던 나는 이제 중고 플루트를 불며 저녁을 맞이하는 신세가 됐다. 플루트를 배우는 일은 쉽지 않았다. 입술을 납작하게 포갠 채 균일한 바람을 내뱉는 것도, 시야에서 멀어진 두 손가락이 제 키를 누르고 있는지 신경 쓰는 것도 어려웠다. 무엇보다 피아노를 못치는 사람으로서 악보를 읽는 것이 가장 큰 난관이었다.

나는 더디게 배웠고 더디게 늘었다. 생각만큼 손과 호흡이 따라 주지 않아 답답했지만 가장 큰 좌절감을 주는 것은 다름 아닌 언니라는 존재였다. 집에 돌아와 그날 배운 것을 떠듬떠듬 연주하고 있으면, 듣고 있던 언니가 '이렇게?!' 하면서 아주 능숙하게 연주하는 게 아닌가. 쇳소리가 나는 플루트를 참아 가며 교실에 갇혀 있던 시간이 억울하고 허무하게 느껴졌다. 하지만 수행 평가 시간에 창피를 당하긴 싫었고, 포기할 수는 없었다. 그래서 언니에게 기죽으니까 하지 말라고 했던 것 같다. (하하) 그렇게 나는 1년을 참고 배워 냈다. 중학생이 되어 수행 평가도 무사히 넘겼고. 하지만 그 이후로는 다시 플룻을 불지 않았다.

생각해 보면 그때 나의 관심은 새로운 악기를 배우고 연주할 수 있게 되는 데 있지 않았다. 그저 언니보다 잘하고 싶었고, 언니만큼 하지 못하면 아무런 의미가 없는 것처럼 여겼던 것 같다. 물론 그때는 어렸고, 억지로 배워야 했으니 그럴 수 있다고도 할 수 있다. 하지만 어쩌면 지금도 그때와 같은 태도로 살아가고 있는 것은 아닐까. 내가 느끼고 배운 것, 그 안에서 얻은 성장보다 타인과 비교하는 데 더 집중하며 만족을 누리지 못하는 삶. 이 얼마나 불쌍한 인생인가. 이제는 누구와도 비교하지 않고, 오직 나를 위해 플루트를 불고 싶다.

"행복을 위한 제1원칙은 기대치를 낮추는 것이다."

8.
나만 모르면 뭐 어때

관심을 다스리면 생기는 일 | 몰입의 즐거움 | 미하이 칙센트 미하이

가끔 인스타그램 피드에서 '올여름, 꼭 가야 할~, 신상 덕후라면 무조건 사야 할~, 마케터라면 반드시 알아야 할~' 같은 카피를 보면 오히려 반발심이 든다. '꼭 그래야 하는 게 어딨어?' 하는 마음에 바로 넘겨 버린다. 물론 이런 표현이 정말 당위적이라기보다 관성적으로 쓰인다는 건 알지만, 매력적이기보다 불편하게 느껴지는 상투적인 문장을 굳이 써야 할까 싶다. (아님 나만 모르는, 정말 효과적인 카피인 걸까?)

이런 '너만 모르고 있어'라는 식의 메시지는 단순히 호기심을 자극하는 걸 넘어, 은근한 불안과 조급함을 심어 줄 수 있다고 생각한다. 특히 경쟁과 비교가 익숙한 사회에서는 더욱. 사람들은 '뒤처질지 모른다'는 두려움에 원하지도, 필요하지도 않은 선택에 돈과 시간은 물론 관심까지 빼앗긴다. 게다가 요즘은 이런 메시지가 더 교묘하고 완곡한 방식으로 쓰이면서, 우리가 그것을 분별하는 일도 점점 어려워지고 있다.

이럴 때일수록 나만의 중심을 딱! 잡고, 외부의 메시지에 휘둘리지 않도록 '관심'을 잘 다스려야 한다. 하루 종일 '이거 꼭 필요해! 이거 진짜 중요해! 놓치면 후회할걸!' 하고 내 주의를 끌려는 수많은 메시지를 필터링하고, 내가 진짜 원하는 것에 집중할 수 있는 환경을 만들어야 한다. 그렇게 선별된 관심으로 채운 시간이 쌓이면 삶의 방향도 나다운 쪽으로 흘러가게 될 것이다.

생각해 보니 나답게, 만족스러운 삶을 사는 사람들에겐 아마 '이건 꼭 필요해' 같은 메시지가 눈에 들어오지도 않을 것 같다.

"정보는 우리가 관심을 기울일 때만 우리에게 다가온다."

9.
시간을 아껴서 뭐하지

시간이 왤케 없을까   시간을 찾아드립니다 | 애슐리 윌런스

연일 새롭게 출시되는 기술과 서비스들은 각기 다른 형태를 띠고 있지만, 공통된 목표가 있다. 바로 시간 절약이다. 더 쉽고, 더 빠르게. 전문가의 도움 없이도 즉각적인 문제 해결을 가능하게 해 준다. 돈만 더 지불하면 더 빠른 서비스와 더 효과적인 도움을 보장받을 수 있다. 시간이 곧 돈, 돈이 곧 시간인 시대다.

현대인의 일상에는 시간을 절약해 주는 기술과 서비스들이 아주 촘촘하게 스며들어 있다. 교통 앱을 활용해 최단 거리로 출퇴근할 수 있고, 업무 관련 앱으로 작업시간을 단축해 칼퇴에 성공할 수 있다. 퇴근길 지하철에서 장을 보고, 집에 도착하기도 전에 IoT로 집안일을 끝낼 수도 있다. 클릭 몇 번으로 얼마나 많은 일들을 처리할 수 있는지! 이렇게 보면, 우리는 점점 노동 외에 가용한 시간이 많아지고 있는 것 같다.

그렇게 절약한 시간을 우리는 과연 어디에 쓰고 있을까? 내 경험과 지인들의 사례를 종합해 보면, 많은 사람들이 아낀 시간을 스마트폰 화면 앞에서 소비하는 듯 보인다. 출근 시간을 아낀 만큼 전날 밤 늦게까지 유튜브를 보다 잠들고, 칼퇴한 시간만큼 릴스나 예능을 본다. 주말에 넉넉한 시간이 생기면 검색으로 빠르게 찾아낸 핫플레이스를 방문하고, 그곳에서도 웹서핑을 하며 시간을 보낸다. 절약된 시간은 여유처럼 보이지만, 실상은 스마트폰을 볼 수 있는 시간을 확보했다는 의미와 크게 다르지 않은 것 같다.

기술이 발전하면서 우리는 예전보다 훨씬 시간적으로 부유해졌지만, 역설적으로 시간의 질과 경험은 오히려 빈곤해지고 있는 것은 아닐까? 시간을 아끼라는 말이 당연하게 들리지만, 문득 '시간을 아껴서 뭐하지?'라는 질문이 떠오르기도 한다. 아낀 시간을 무의식적으로 흘려보낸다면, 절약 자체가 무슨 소용일까. 차라리 느긋하게 현재를 음미하며 시간을 제 속도로 써 나가는 편이 더 만족스러운 삶으로 이어지지 않을까.

"우리에게 남은 시간이 얼마나 되는지는 아무도 모른다.
(현재, 지금 이 순간이 작지만 의미 있는 변화를 만들기에 가장 좋은 시간이다.)"

10.
뷔페의 끝맛을 떠올려 보기

선택의 역설   The Paradox of Choice (TED) | 배리 슈워츠

초대받은 결혼식의 식사가 코스로 나온다는 사실을 알았을 때의 실망감은 이루 다 말할 수 없다. 평소 뷔페에 갈 일이 없는 나로서는 결혼식이야말로 아주 드물게 찾아오는 기회인데 코스 요리라니!

뷔페를 좋아하는 이유는 많이 먹을 수 있어서가 아니다. 어차피 내 위장의 최대치는 세 접시다. 진짜 중요한 건, 메뉴를 고를 수 있다는 '선택의 자유'다. 먹고 싶은 음식 앞에서 고민하지 않아도 되는, 선택 장애의 고통에서 자유로워질 수 있는 곳, 그게 바로 뷔페!

그런데 최근 이 뷔페에 대한 내 생각을 흔드는 일이 생겼다. 아주 오랜만에 참석한 결혼식, 그것도 코스요리. 처음에는 실망했다. 하지만 곧 직원들이 일사불란하게 서빙하는 걸 보며 이번 식사는 무언가 좀 다를 것 같다는 예감이 들었다.

내 앞에 가지런히 놓인 두 세트의 식기 사이로 곧 브로콜리 수프가 놓였다. 메뉴를 고를 수 없다는 점이 살짝 아쉬웠지만, 뭘 먹게 될지 모른다는 긴장감이 묘하게 신선했다. 한 숟갈을 뜨니 아주 적당히 따뜻하고 부드러운 맛이었다. 이어서 식전 빵과 샐러드, 스테이크… 국수와 치즈케이크로 마무리. 매번 다음 음식이 나올 때마다 '어? 이것도 괜찮은데?' 싶은 흐름이 이어졌다. 냅킨으로 입을 닦는데, 배는 부른데도 '진짜 맛있었다'는 감탄이 절로 나왔다. 이상했다. 선택권이 없었는데도 전혀 아쉽지 않았다.

예전에 뷔페 식당에서 나올 때를 떠올려 본다. 불쾌할 정도로 배가 부르고, 생각보다 맛없는 음식에 실망하고, 미처 먹지 못한 메뉴에 아쉬워했던 기억. '이렇게 먹을 바에야 한 음식을 전문으로 하는 곳에 가는 게 낫겠어' 싶었던 때도 있었다. 선택지가 많다고 만족감이 커지는 것도 아닌데, 그걸 알면서도 뷔페라면 늘 기대하던 내 모습이 참 웃기다.

다양한 선택지는 언뜻 '자유'처럼 보인다. 하지만 만족감은 선택의 폭이 아니라 내가 한 선택을 어떻게 받아들이냐에 달려 있다. 무한한 선택 앞에 흔들릴 때, 뷔페의 끝맛을 떠올려 보자.

"자아 정체성 마저도 선택의 문제가 되었습니다."

11.
신선한 이야기가 가득한 것이야말로

삶에는 삽질이 필수   최적화를 요구하는 세상에 삽질로 저항하기 (세바시) | 김상균

어제 오랜만에 친구를 만났다. 그림 작가로 활동 중인 친구는, 책을 만들고 작업을 이어 가는 틈틈이 일상의 다양한 경험도 탐험하듯 즐긴다.

이번 달에는 2박 3일간 친구들과 정동진 영화제에 다녀왔고, 최근에는 니팅을 배워 말 인형을 만들고 있다고 했다. 손으로 무언가를 만드는 게 그림을 그리는 것과 또 다른 재미를 준다며 들뜬 얼굴로 이야기했다. 그리고 요즘은 책에도 푹 빠져 있다고. 도서관에 다니며 꽂히는 아무 책이나 집어 읽기 시작했는데, 몇 번의 실패 끝에 '이거다!' 싶은 책을 발견한 모양이었다. 그 책이 너무 좋아서 결국 사서 읽고, 필사까지 하게 됐다고 했다.

평소 수영을 즐기는 친구는 조만간 남편과 테니스도 배울 계획이란다. 내일은 이태원에서 열리는 플리마켓을 가고, 모레는 북페어를 보러 군산에 간다고도 했다. 반짝이는 구슬 팔찌를 찬 아이가, 구슬 하나하나를 사랑스럽게 들여다보며 이야기하는 모습 같았다. 각기 다른 색으로 빛나는 구슬 중 어느 하나 소중하지 않은 게 없다는 듯이.

공교롭게도 이번 노트를 거의 완성한 상태에서 친구를 만났다. 친구의 이야기를 들으며 생각했다. '최적화된 삶'이란, 정보는 가득하지만 감정이나 이야기는 빠져 있는, 신문지의 무채색 헤드라인 같은 건 아닐까. 필요한 정보는 정리되어 있지만, 정작 다채로운 이야기가 빠져 있는.

하지만 친구의 삶은 달랐다. 이것저것 시도하고 즐기며 자신의 색을 채워 가고 있었다. 이렇게 다듬어지지 않아도, 신선한 이야기로 빛나는 삶이 더 근사한 게 아닐까. 나도 내 삶에 한 알씩, 나만의 구슬을 꿰어 보고 싶어졌다.

"우리는 타인의 삶까지도 최적화하려고 해요."

12.
잔소리가 필요해

절제의 기술   절제의 기술 | 스벤 브링크만

어릴 적 나는 산만한 아이였다. 어쩌면 꼭 그런 건 아니었는지도 모른다. 하지만 책 한 권을 한자리에서 꼼짝 않고 읽어 내는 언니를 두다 보니, 상대적으로 그렇게 보였을 수도 있다. 그렇다고 해도 가만히 앉아 무언가를 진득이 해내는 성격은 아니었다. 나는 아이들을 몰고 다니며 운동장과 놀이터에서 노는 걸 좋아했다. 피아노 학원도, 보습 학원도 한 달을 채 버티지 못하고 때려치우기 일쑤였다. 엄마는 이런 내게 늘 절제와 인내를 강조했다.

그때의 나에게 인내와 절제란 이런 것이었다. 숙제를 먼저 하고 노는 것, 피아노가 익숙해질 때까지 학원을 그만두지 않는 것, 약속한 시간이 되면 텔레비전을 끄는 것.

어른이 되니 더 이상 '학원 가라, 인내와 절제를 길러라'는 잔소리를 듣지 않아도 됐다. 처음에는 좋았다. 이제 하기 싫은 건 안 해도 되겠다 싶었다. 그런데 곧 '사회의 메시지'가 그 자리를 대신했다. '하고 싶은 건 뭐든지 하라'고, '마음만 먹으면 무엇이든 할 수 있다고, 시도하지 않는 것이 문제'라고 했다. 한 번뿐인 인생인데 최대한 많은 경험을 하는 것이 현명한 삶의 태도인 것처럼 이야기했다. 한 가지에 몰두하는 것은 미련하고 위험한 짓이라고, 쉽고 빠르게 원하는 결과를 얻는 방법을 찾으라고 했다. 일, 여가, 관계, 삶의 어떤 영역에든 똑같이 적용되는 원리인 것처럼 보였다.

그 목소리를 따라가다 보니 어느새 내 삶에는 너무 많은 것이 들어찼다. 그중 내가 정말 원했던 것인지 알 수 없는 것들도 많았다. 이미 많은 걸 가졌지만, 어쩐지 만족스럽지 않았다. 충만한 느낌보다는 오히려 어딘가 허전하고 불안했다. 도대체 무엇이 문제인 걸까 고민이 깊어갈 때쯤 엄마의 잔소리가 떠올랐다. 인내와 절제가 중요하다는, 지금은 아무도 해 주지 않는 그 말이.

어른이 된 지금, 나에게 인내와 절제란 내 삶과 존재의 유한함을 인정하고, 정말 중요한 몇 가지에만 충분한 시간과 정성을 쏟는 것. 그리고 그 안에서 감사와 기쁨을 발견하는 것이다.

"아무리 효율적인 사람도 세상 모든 행복을 손에 쥘 순 없다."

Chapter 2. 생각

생각의 중심잡기

13.
손을 멈추고

딴생각 중에 머릿속에서 일어나는 일들 도둑맞은 집중력 | 요한 하리

전철에 타면 눈에 띄는 장면이 있다. 모두가 고개를 숙인 채 작은 화면을 들여다보고 있는 모습이다. 일상의 풍경이 된 지 오래지만, 이상하게도 여전히 낯설다. 다들 바빠 보인다. 이동 시간을 그저 이동으로만 쓰기 아까운 걸까? 그 빈틈을 메우려는 듯, 화면 위 손가락을 분주히 움직인다. 아무것도 하지 않는 비생산적인 시간을 부지런히 걷어낸다.

그런 사람들 사이로 아주 드물게, 아무것도 하지 않는 이들이 보인다. 무릎 위 가방을 양팔로 끌어안고 허공을 응시하거나, 목을 이리저리 돌려 스트레칭을 하면서 주위를 둘러본다. 열차 손잡이를 잡고 서서 창문 밖 한강을 바라보기도 한다. 가장 여유로워 보이는 사람들이자, 어쩌면 가장 할 일 없어 보이는 사람들이다.

열차 안 사람들의 머릿속을 들여다볼 수 있다면 어떨까? 〈도둑 맞은 집중력〉의 저자 요한 하리의 말대로라면 멍하니 있는 듯 보이는 사람들이 가장 깊이 집중하고 있을지도 모른다. 천천히 세상을 이해하고, 창의적인 생각을 떠올리고, 과거와 미래를 오가며 맥락을 만들어 내는, 가장 생산적인 상태 말이다.

스마트폰이 일상이 된 이후부터일까? 이제 우리는, 아무것도 하지 않는 상태를 견디기 힘들어한다. 그 결과, 우리의 뇌는 자유롭게 유영하듯 방황할 시간과 공간을 빼앗겨 버렸다. 역설적이지만, 더 많은 것을 하려는 조바심이 더 많은 것을 할 수 있는 기회를 빼앗고 있는지도 모른다.

가끔은 손을 멈추고 뇌에게 차례를 넘겨 주자. 아무것도 하지 않는 그 시간이 진짜 '더 많은 것'을 가능하게 해 줄지도 모르니까.

> "눈앞에 있는 것에 집중하는 행위는 '소화해야 할 원재료'를 제공하지만,
> '어느 시점이 되면 거기서 한 발짝 물러나야 한다.'"

14.
시간을 이겨 낼 수 있는가

지식의 유효기간을 확인해요 불변의 법칙 | 모건 하우절

콘텐츠를 만들면서 한결같이 계속되는 고민은 '어떤 주제를 다룰 것인가'다. 처음에는 자연스럽게 내가 관심 있는 주제를 다뤘다. 주로 내가 읽은 책을 정리하거나 인상 깊은 내용을 공유했다. 하지만 시간이 지나면서 팔로워가 늘자 고민이 생겼다. 요즘 사람들이 좋아하는 주제, 그러니까 요즘 인기 책과 콘텐츠를 다루면 더 좋은 반응을 얻지 않을까?

그래서 몇 차례 시도해 봤다. 하지만 트렌드에 맞춰 빠르게 콘텐츠를 만들어 낼 능력이 내게 없다는 걸 깨닫게 되는 데는 오랜 시간이 걸리지 않았다. 시간을 들여 겨우겨우 만들고 나면 공유의 타이밍이 애매해지는 식인 거다. 결국 다시, 내가 관심 있는 주제들로 콘텐츠를 만들었다.

어느새 피드에 콘텐츠가 꽤 쌓였다. 첫 게시물을 올린 지 몇 년이 지났지만 오늘도 시차를 두고 내 계정을 처음 본 사람들을 맞이한다. 가끔 오래된 게시물에 '좋아요' 알림이 뜨면, 슬그머니 열어 본다. 은근한 긴장감으로. 표현이 너무 어색하거나 촌스럽지는 않은지, 지금 봐도 여전히 유용한 내용인지. 혹시라도 '지금이라면 이렇게 말하진 않았을 텐데' 싶은 부분을 발견하면, 삭제도 못하고 찝찝함과 아쉬움에 몸서리를 친다.

이럴 때면 콘텐츠엔 만들 때와 읽을 때의 '시차'가 있다는 걸 실감한다. 내가 '지금, 요즘' 만드는 콘텐츠가 누군가에게는 한참 후의 '그때'에 닿을 수도 있다는 걸. 그걸 깨닫고 나서부터는 콘텐츠의 주제를 정할 때 '시간을 이겨 낼 수 있는가'가 중요한 기준이 됐다.

트렌디한 콘텐츠는 빠르게 퍼졌다 사라지지만, 시간이 지나도 여전히 유효한 콘텐츠는 오래도록 가치를 가진다. '표현의 흑역사'는 약간의 부끄러움만 견디면 오히려 현재를 더 빛나게 해 주는 성장의 흔적으로 남는다. 하지만 '내용의 흑역사'는 삭제 욕구를 자극한다. 어렵게 만든 콘텐츠가 사라지지 않도록, 계속해서 고민할 필요가 있겠다.

"장기적 사고가 우리가 소비하는 정보를 좌우한다."

15.
우연한 읽기의 풍요로움

책을 읽는 방법   책을 읽는 방법 | 히라노 게이치로

시간이 흐르는 게 아까울 만큼 좋은 날씨의 5월 어느 목요일 저녁. 서울시민예술학교에서 주최한 〈낭독이 있는 토크 콘서트〉가 마침 집 근처에서 열려 다녀왔다. 평소 흠모하던 요조, 장강명 작가가 우리 동네에 오다니! 가지 않을 이유가 없었다. 집에서 3분 거리의 행사 장소에 30분 전에 도착해 두 번째 줄에 자리를 잡았다. 이윽고 두 작가가 무대에 올랐고 행사가 시작됐다. 총 네 편의 짧은 글을 작가 둘이 번갈아 낭독하고 각 글에 대해 관객과 이야기를 나누는 방식으로 콘서트가 진행됐다.

장강명 작가가 두 번째로 낭독한 글은 카프카의 소설 〈법 앞에서〉였다. 나는 카프카의 글을 처음 읽었다. 유명하다는 것만 알았지, 그의 글이 주로 어떤 주제를 담고 어떤 문체로 쓰이는지 아는 바가 없어 아주 순수한 눈으로 읽을 수 있었다. 낭독을 들으며 눈으로 따라 읽는데, 산책하는 개가 목줄을 당기며 주인을 재촉하듯, 결말이 궁금한 나는 빨리빨리 앞서갔다. 어느새 낭독하는 목소리는 흐려졌고, 내 눈은 벌써 마지막 문장에 다다랐다. 나는 당황했다. 이게 무슨 말이지?

모르는 단어나 생소한 표현은 없었다. 아는 글자로만 쓰여 있었다. 그런데 무슨 말을 하려는지 이해되지 않았다. 평소 나는 자기계발, 인문, 심리서 등 비문학 책을 주로 읽는다. 메시지가 명확해서 읽고 나면 모르던 무언가를 알게 되었다는, 즉각적인 변화가 주는 쾌감이 있는 책들이다. 나는 신속하게 답을 찾아 소유하는 독서에 익숙해져 있던 것이다.

카프카의 글은 도끼처럼 내 머리를 쿵! 하고 내리쳤다. 낭독이 끝난 뒤 어떤 대화가 오고 갔는지 모른다. 이곳에 글과 나뿐인 것처럼 혼자 글을 읽고 또다시 읽었다. 답을 찾는 대신, 그 의미 속으로 더 깊이 들어가고 싶었다.

몇 번을 반복해 읽으니 엉킨 실타래 사이로 가느다란 실 한 올이 손끝에 걸렸다. 그 끝을 조심스럽게 잡아당기자, 감춰진 이야기들이 천천히 모습을 드러냈다. 아아… 이걸 말하고 싶었던 걸까…, 하는 생각이 언뜻 스쳤다. 카프카는 답을 주지 않았다. 하지만 더 이상 답은 중요하지 않았다. 아주 느리고도 힘겹게 건져올린 생각 한 올이 전에 느껴 본 적 없는 뿌듯함과 짜릿함을 주었다. 그리고 시간이 갈수록 그 여운은 더 짙어졌다. 나는 문득 '풍요롭다'의 뜻이 궁금해졌다. '흠뻑 많아서 넉넉함이 있다.' 지금 내 마음이 딱 그렇다.

"슬로 리딩은 '5년 후, 10년 후를 위한 독서'이다."

16.
글쓰기가 어려운 나에게

꾸준한 글쓰기가 어려운 당신에게   삶을 바꾸는 매일 글쓰기 (EBR 원데이 스쿨) | 정지우

콘텐츠 하나를 업로드할 때 넘어야 할 장애물들이 여럿 있다. 주제 선정, 책 읽기, 요약하고 정리하기, 스크립트 쓰기, 시각화 아이데이션, 레이아웃 잡기, 스케치하고 그림 완성하기. 이 모든 과정을 힘겹게 지나고 나면 한 장의 노트가 완성된다. 하지만 이게 끝이 아니다. 그다음엔 더 큰 장애물이 기다린다. 바로 게시물 '캡션 쓰기'다. 완성된 노트의 주제와 관련된 경험이나 생각을 글로 쓰는 일까지 마쳐야 비로소 업로드 준비가 완료된다. 그런데 이게 너무 어려워 업로드가 계속 미뤄지기도 한다.

정말 자신이 없거나 답이 안 나올 때는 온갖 편법을 쓴다. 예를 들면, 소개한 책의 문장을 발췌해 쓰는 것이다. 내가 쓴 것보다 월등히 좋은 문장을 올릴 수 있다는 장점은 있지만, 누구라도 쓸 수 있는 방식이라 특별함이 없고, 신선도나 재미도 떨어진다. 다른 방법은 '쓸 말이 도무지 떠오르지 않는다'며 하소연하는 것이다. 그러면 착한 나의 팔로워들은 위로와 응원을 보내 준다. 문제는 그게 너무 달콤해서 자주 써먹고 싶어진다는 거다. 하지만 나라도 너무 자주 하소연을 하는 사람이라면 지칠 것 같다.

또 다른 방법은 시즌에 맞는 인사말로 대신하는 것이다. 이 방법은 아주 쉽고 유용하지만, 1년에 몇 번 써먹을 수 없다는 치명적인 단점이 있다. 연말, 새해, 명절, 크리스마스… 굳이 끼워넣자면 만우절 정도? 입춘, 단오, 동지까지 써먹으려면 그때에 맞는 콘텐츠를 만드는 게 더 힘들지도.

이렇게 요리조리 회피한 글쓰기로 캡션의 여백을 채우며 꾸역꾸역 게시물을 올리고 있다. 사실 아무도 나에게 어떤 글을 요구하지 않았다. (어쩌면 더 적은 텍스트를 바랄지도.) 하지만 내가 만든 포맷 안에서 나만이 할 수 있는 이야기를 해 보자는 시도가 생각보다 아주 무거운 짐이 되고 있다.

글쓰기가 어려운 이유는 글을 못 써서가 아니라, 정작 하고 싶은 말이나 생각이 없기 때문일지도. 여백 앞에서 느끼는 막막함이야말로 가장 큰 배움이다.

"삶의 레이스에 글쓰기가 생긴다면 당신의 삶은 보다 강해질 수 있습니다."

17.
두 개의 관점을 유지하는 일

독자가 먼저다   스마트 브레비티 | 짐 밴더하이, 마이크 앨런, 로이 슈워츠

평소에는 흐리멍텅한 눈으로 지내다가도, 갑자기 매의 눈이 될 때가 있다. 버스나 지하철 광고, 가게 메뉴판, 벽에 붙은 포스터 등을 볼 때다. 오타가 보이고, 띄어쓰기가 빠진 곳도, 띄어쓰기가 두 번 된 곳도 보인다. 좀 더 들여다보면 중요한 정보가 빠져 있거나, 정보를 너무 많이 생략해서 답답한 경우도 더러 있다.

'너무 불친절한 거 아니야? 이렇게 자기(자사) 위주로 만들다니!' 하며 툴툴댄다. 소비자 입장이 되면 굳이 노력하지 않아도 게시글에 담긴 문제를 아주 족집게처럼 찾아낼 수 있다. 하지만 내가 만드는 입장이 되면? 놀랍게도 보이던 것들이 안 보인다. 마치 눈에 필터가 씌워진 것처럼.

이런 경험을 할 때면, 콘텐츠를 만드는 나를 돌아보게 된다. 혹시 매너리즘에 빠져 있는 것은 아닐까? 이미 익숙해진 내용이라 처음 접하는 사람들의 입장을 고려하지 못하는 건 아닐까? 독자의 관심도, 콘텐츠를 소비하는 방식도 계속 변화하는데, 나는 그걸 따라가지 못한 채 머물러 있는 것은 아닐까?

이런 고민이 쌓이다 보면, 자연스럽게 다른 사람들의 콘텐츠를 대하는 태도도 달라진다. 날카로운 눈으로 바라보던 시선이 조금씩 겸허해진다.

독자를 우선하자는 생각은 쉽지만, 혼자서 나와 독자의 관점을 동시에 갖는 일은 결코 쉽지 않다. 그래서 창작자에게 꼭 필요한 것이 '믿을 만한 검수자'다. 내가 만든 것을 새로운 눈, 독자의 시선으로 봐 줄 수 있는 사람. (대중적인 시각을 가진 사람이면 더 좋다.)

나는 주변에 여러 검수자를 두고, 콘텐츠를 올리기 전까지 몇 차례 피드백을 받는다. 그만큼 독자의 시선을 잃지 않으려 애쓴다. 그래도 여전히 이대로 충분한지 의심이 들 때가 많다. 완벽할 수는 없겠지만, 독자를 향한 태도를 유지하는 것이 중요하겠지. 그래서 오늘도 피드백을 받고 또 수정한다. 그 속에서 내 시각이 흐려지는 것도 같지만….

"언제나 독자를 먼저 생각할 것을 맹세합니다."
미국 뉴스 사이트 악시오스(Axios) 출범 선언문

18.
소화불량의 시대

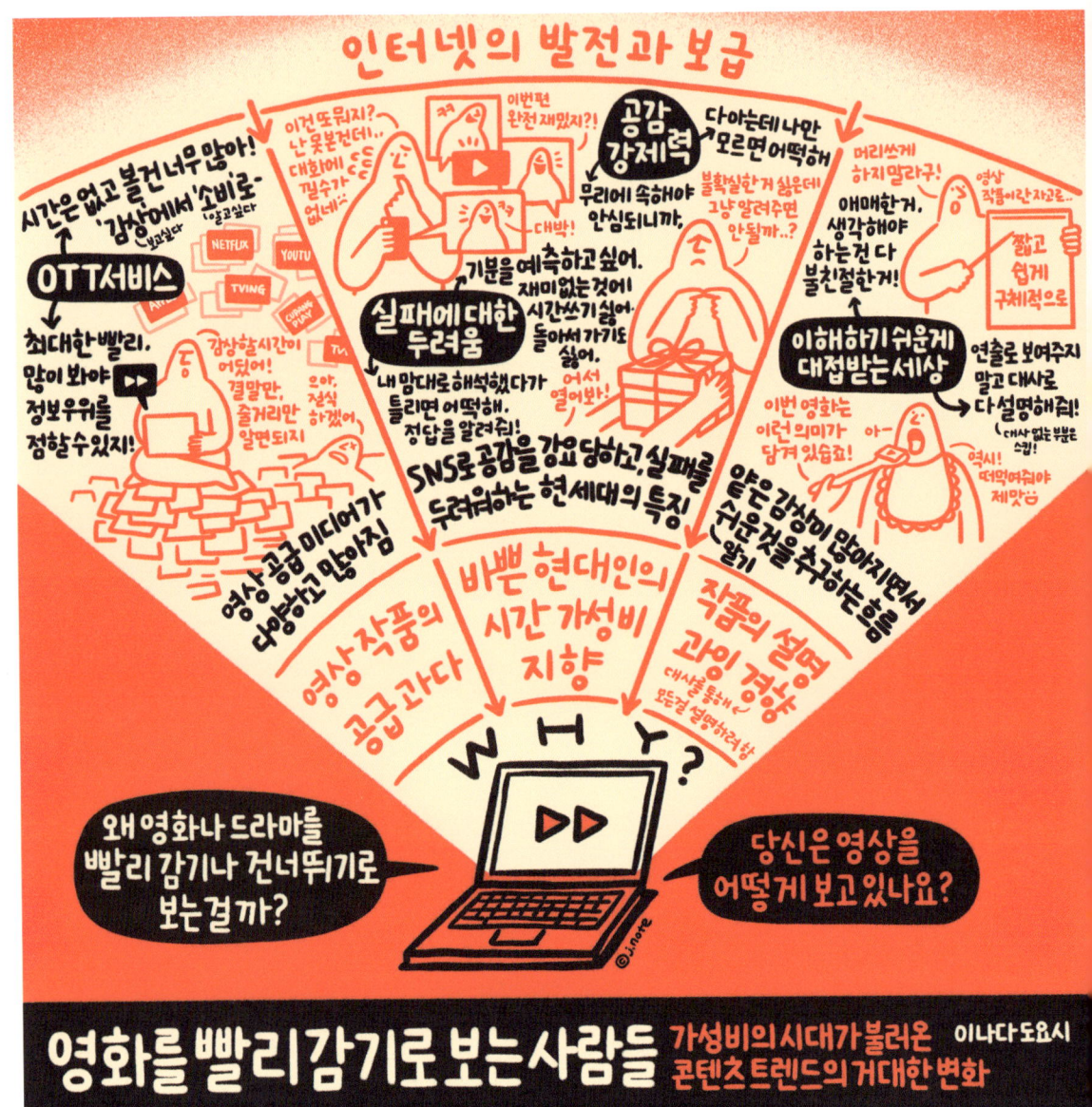

영화를 빨리 감기로 보는 사람들 | 이나다 도요시

나는 지금 OTT 서비스 없이도 충분히 잘 살고 있다. 마지막까지 가입되어 있던 넷플릭스를 구독 취소한 지 벌써 4개월째다. 특별한 계기가 있었던 것은 아니다. 사실 동생이 친구들과 함께 쓰는 계정을 빌려 보곤 했는데, 무엇 때문인지 자동 로그아웃이 되면서 인증을 요구하길래 귀찮기도 하고 '굳이' 싶어 그냥 둔 게 지금까지 온 거다.

예능이나 드라마는 자주 보지 않으니 큰 불편은 없었다. 가끔 보고 싶은 영화나 다큐가 떠오를 때 재구독의 유혹이 찾아오지만, 아직은 잘 버티고 있다. OTT 서비스의 최대 장점은 '볼 게 많다'는 것이지만 최대 단점 역시 '볼 게 너무 많다'는 것이다. 영화 한 편 보려고 들어갔다 이걸 볼까 저걸 볼까 고르기만 몇 십 분, 결국 아무것도 못 보고 시간을 날리는 일이 흔하다. '이게 최선이야!'라고 확신하며 끝까지 본 영화가 몇 편이나 될까? 이 생각이 재구독의 유혹을 뿌리치게 해 준다.

그럼 요즘에는 어떤 방식으로 영화를 보느냐? 많은 사람들이 그렇듯 유튜브에서 '영화 요약'을 본다. 이 책의 저자가 저격(?)하는 대상일지도 모르겠다. 하지만 나는 스포일러를 신경 쓰지 않는 편이다. 반전의 낙차보다 영화 스토리에 대한 궁금증 해결이 더 중요하기 때문이다. 그래서 유튜브로 관심 있는 영화 내용을 대략 파악한 후, 정말 보고 싶은 영화만 대여하거나 구매해서 '감상 모드'로 한편을 온전히 제 속도로 다 본다.

겉으로는 비효율적인 소비 방식처럼 보일 수도 있다. OTT 한 달 구독료면 영화를 몇 편이나 볼 수 있는데, 나는 한 편 값으로 그 비용을 쓰니 말이다. 하지만 OTT를 구독할 때보다 영화를 보는 경험은 훨씬 더 만족스럽다. (낸 비용을 생각하면) 더 몰입해서 보게 되고, 여운도 길다. 콘텐츠를 '소화하는 시간'이 있기 때문이다.

시간은 유한한데, 볼 건 너무 많고, 안 보면 뒤처질까 불안한 시대다. '빨리 감기'와 '건너뛰기'로 최대한 많은 것을 보는 게 현명한 소비처럼 느껴지지만, 그렇게 본 것은 결국 '내 것'이 되지 않는다. 내 것이 되는 데 꼭 필요한 '소화의 시간'이 없기 때문이다. 지금 무엇을 어떻게 보는 것이 나에게 진짜 의미 있는 감상인지, 기준을 다시 세워야 할 때다.

"이제는 '작품을 감상한다'보다 '콘텐츠를 소비한다'라고 말하는 편이 더 익숙하다."

19.
콘텐츠에도 친절함이 필요해

'독자를 고려하지 않은 글이에요.'

글쓰기 모임이 끝나고 마음에 또렷이 남은 한 문장이다. 8주간의 모임 동안 네 편의 에세이를 쓰고 합평하는 시간을 가졌다. 모임을 이끈 정지우 작가님이 매 모임 때마다 빼놓지 않았던 공통 피드백은 이것이었다. "독자는 아무것도 모르는 상태예요. 그러니 짧게라도 정보를 넣어 줘야 해요. 친절한 글쓰기를 해야 합니다."

나를 비롯해 모임에 참여한 모두는 각자가 경험한 '사적인 일'을 소재로 글을 썼다. 자연스럽게 나와 나를 둘러싼 환경, 인물, 사건, 상황 등이 글에 담겼다. 문제는, 내가 이미 모든 상황을 너무 잘 알고 있으니, 독자도 당연히 그럴 거라 착각하게 된다는 점이다. 그래서 각 요소에 대한 충분한 설명 없이 이야기를 전개해 나갔다. 작가님은 이런 실수를 지적하며 매시간 우리의 관점을 나 중심에서 독자 중심으로 옮길 것을 강조했다.

이건 〈씽킹 101〉에서 말하는 '조망 수용의 한계'라는 개념과 통한다. 쉽게 말해 다른 사람의 입장에서 생각하기 어려운 현상이다. 요즘에는 비록 상업적인 관점에서이긴 해도 '독자 중심, 고객 중심, 사용자 중심'처럼 공감력이 강조되고 있다. 하지만 이를 실제로 적용하는 일은 생각만큼 쉽지 않다. 나 역시 불특정 다수가 보는 콘텐츠를 만드는 생산자의 입장에서 이 관점을 유지하는 게 얼마나 어려운지 실감한다.

그간의 시행착오 끝에, 지금은 내 나름의 기준을 가지고 콘텐츠를 만들어 가고 있다. 내 콘텐츠를 독자의 관점에서 보기 위해 스스로 묻는 질문들이다.

1. 전달하려는 메시지가 명확한가?
2. 원천 정보(책이나 영상)를 보지 않고도 이해할 수 있게 충분히 설명되었는가?
3. 사용된 비유와 예시가 적절하고 공감할 만한가?

이 기준에 맞추려다 보면 버리고 포기해야 할 아이디어가 많다. 그래서 요즘에는 독자에게 주어진 정보가 없다고 전제하고 백지 상태에서 하나씩 추가하는 방식으로 콘텐츠를 만든다. 하지만 이것만으로 부족하다. 그래서 마지막으로 가장 확실한 방법을 쓴다. 다른 사람에게 보여주고 피드백을 받는 것! 내가 만드는 콘텐츠는, 기미 상궁 같은 언니와 동생의 감수를 통과해야만 세상에 나갈 수 있다. 타인의 마음에 가닿는 콘텐츠는 결코 혼자 만들어질 수 없다.

"일단 무언가를 알게 되면, 그것을 모르는 사람의 관점을 온전히 취하기가 어렵다."

Chapter 3. 관계

세상과 맺는 건강한 연결

20.
거절 사용법

거절의 쓸모   내 인생을 바꾼 거절 | 제시카 배컬

거절 경험은 언제나 '이불킥 리스트' 최상위권이다. 웬만해서는 떠올리고 싶지 않은 것이 '거절 당한 순간'이다. 제시카 배컬의 〈내 인생을 바꾼 거절〉을 읽으며 자연스럽게 지금껏 경험해 온 수많은 거절을 떠올려 봤다. 원하던 대학 입시에 실패한 일, 입사 면접에서 불합격 통보를 받은 일, 오랜 짝사랑 끝에 용기 내 고백했지만 대차게 차인 일, 가까이 지내고 싶었던 사람에게 기대한 반응을 얻지 못한 일… 이외에 기억도 못 할 만큼 사소한 거절들이 있다. 어쩌면 인생은 수많은 거절들이 쌓여 만들어지는 게 아닐까.

거절을 떠올리면 불쾌한 감정이 들 것 같았는데, 예상과 달리 감정에 아무런 동요가 없었다. 나를 거절했던 수많은 회사들과, ('수많은'까지는 아니지만) 남자들, 그리고 어긋난 관계들을 떠올리니 오히려 감사한 마음이 들었다. 당시에는 화나고 속상하고 고통스러웠지만, 결국 그 거절들이 지금의 나를 있게 해 준 계기이자 과정이 되어 주었기 때문이다. 그 덕분에 내 삶이 곁길로 새지 않고 꽤 일관성 있게, 나답게 이어져 온 것 같아 아주아주 고마웠다.

이렇게 여유로운 마음으로 거절을 돌아볼 수 있는 것은 '시간'이라는 약 덕분이다. 거절당한 순간에는 세상이 무너지는 것 같고, 내 존재를 부정당한 것 같고, 마지막 기회를 놓친 듯해 눈앞이 캄캄해진다. 상대를 원망했다가 금세 자신감을 잃고 쪼그라들어 우울 속으로 빠져들기도 한다. 하지만 시간이 지나면 그 거절이 '삶'이라는 더 큰 관점에서 재해석된다. 거절의 의미를 제대로 볼 수 있게 된다.

이 책은 거절이 내 인생에 유용한 자산이 될 수 있다고 말한다. 이런 관점을 더 일찍 가졌더라면, 거절이 '현재형'일 때 원망이나 자책에 쏟는 시간을 조금은 줄일 수 있었을지도 모른다. 잠시 좋지 않은 기분에 머무르더라도, '이 거절에서 무엇을 배울 수 있을까? 어떻게 하면 이 상황이 덜 억울하게 느껴질 수 있을까?' 하고 스스로에게 묻고, 위축된 나를 더 열렬히 지지해 줄 수 있지 않았을까. 앞으로 찾아올 거절의 순간에는 잊지 않고 써먹어야겠다.

한편 최근에 특별히 거절당한 일이 없다는 사실도 깨달았다. 딱 하나, 출력집에 갔다가 너무 소량이라 안 된다고 했던 것? 아주 사소하지만 이런 거절조차 너무 오랜만이라 '안 된다는 말'을 들었을 때 약간 놀라기까지 했다. 승낙뿐인 일상이 이어지고 있다면 기분은 좋을 수 있다. 하지만 거절을 경험할 만한 도전적인 시도를 하고 있지 않다는 뜻일지 모른다. 거절을 잘 소화하는 것도 중요하지만, 거절을 두려워하지 않고 적극적으로 찾아나서는 태도 역시 중요한 자산이 아닐까.

"나는 못하는 일을 기꺼이 선택할 것이다. 나는 실패를 기꺼이 겪을 것이다."

21.
영향력은 어디서 시작될까

당신은 영향력 있는 사람인가요? 　당신의 영향력은 생각보다 강하다 | 버네사 본스

어제 점심, 혼자 순댓국밥집에 갔다. 바글바글한 손님들을 지나 창가 1인석에 앉았다. 1인석 세 자리 중 한 자리는 이미 차 있었다. 내가 앉고 나서 곧 마지막 자리에 아저씨 한 분이 와서 앉으셨다. 음식을 기다리던 나는 아저씨에게 수저통과 냅킨이 멀리 있는 걸 보고 자연스레 건네 드렸다. 아저씨는 고맙다고 받으시더니 자신의 물을 따르며 내 것도 같이 따라 주셨다. 처음 만난 아저씨가 따라 준 물이라니! 낯설고도 신선한 기분이 출렁이는 물컵을 받아들며 나는 감사하다고 했다.

곧 내 밥과 아저씨 밥이 차례로 나왔다. 나는 괜히 뭐라도 말을 걸고 싶어 "제가 사는 건 아니지만… 맛있게 드세요!" 하고 말했다. 아저씨는 활짝 웃으며 나더러도 맛있게 먹으라고 하셨다. 그러다 아저씨가 "TV를 보면 세상에 나쁜 사람들만 있는 것 같지만, 그래도 좋은 사람들 참 많더라고요."라며 말을 꺼내셨다.

"오늘 아침, 왕십리에서 어떻게 환승하는지 몰라 어떤 사람에게 물어봤어요. 헤어지고 조금 지났는데, 그 사람이 저한테 달려오더라고요. 방향을 잘못 알려 줬다고요. 자기가 타야 할 열차를 놓치고 온 거였어요."

아저씨의 이야기를 들은 나는 "와, 정말 좋은 분을 만나셨네요!" 하고 밝게 말했지만, 괜히 울컥해 목소리가 조금 떨렸다. 아저씨의 이야기 속 장면이 떠올라 나도 모르게 감정이 차올랐나 보다. 그 후로 아저씨가 하는 일, 가족 이야기 같은 스몰토크 같기도, 딥토크 같기도 한 이야기를 나누며 밥을 먹었다. 그러고는 마치 다시 만날 사람처럼 가볍게 서로의 오후를 응원하며 헤어졌다. 처음이자 마지막으로 만난 아저씨 덕분에 평범한 점심이 특별해졌다. 또, 아저씨에게 길을 알려 준 그 누군가 덕분에 나까지 마음이 따뜻해졌다. 나도 누군가에게, 이렇게 우연한 특별함과 따뜻함을 건넬 수 있으면 좋겠다고 생각했다.

모두가 성공하고, 부를 이루고, 유명해져 영향력 있는 사람이 되기를 선망하는 시대다. 오늘 나는 베스트셀러의 문장도, 유명인의 강연도 아닌, 한 무명인과의 대화에서 '영향력'을 떠올렸다. 영향력이란 무엇이며, 어디에서 시작되어 어디로 퍼져 가는 것일까. 잘은 몰라도, 영향력은 우리가 흔히 떠올리는 특정한 자리에 있는 사람들만의 것이 아니라는 사실만은 확실하다.

"우리는 이미 항상 주위 사람들에게 (별다른 노력 없이, 대개는 알아채지도 못한 채)
조용하고 미묘하게 영향을 미치고 있다."

22.
영원한 준비 중에서 벗어나기

'내가 뭐라고'에 발목 잡힌 당신에게   타인을 위한 것이 나를 위한 것이다 (세바시) | 렘군

계정을 운영한 지 1~2년쯤 됐을 때 한 온라인 클래스 플랫폼에서 연락이 왔다. 비주얼 씽킹 관련 클래스를 개설해 보지 않겠냐는 제안이었다. 꽤 인지도가 있는 플랫폼에서 내 작업을 눈여겨봤다는 사실에 나는 잠시 뿌듯했다. 아, 그런데 지금 뿌듯한 게 문제가 아니라, 그래서 뭐라고 답해야 하지? 제안 메일을 읽으며 거의 동시에 그런 생각이 들었다. '아직 가르칠 만큼의 경험도, 노하우도 없는데… 내가 누굴 가르친다고.' 그 첫 생각에 발목이 잡혀 나는 결국 제안에 응하지 못했다.

그 후에도 종종 비슷한 질문을 받았다. '드로잉 워크숍 같은 건 안 하세요?', '전시 계획은 없으세요?' 그때마다 "기회가 되면요." 하고 웃으며 넘겼지만, 속으로는 늘 같은 생각을 했다. '내가 뭐라고.'

나는 이 분야에 이렇다 할 이력도 없고, 전문가도 아니다. 나보다 그림을 잘 그리는 사람도, 글을 잘 쓰는 사람도 정말 많다. '무언가를 하려면 더 준비가 필요하지 않을까. 내가 감히 해도 되는 걸까.' 하고 싶은 일이 생길 때마다 이런 생각이 따라 붙었다. 그래서 지금껏, 생각에만 머무른 일들이 많다.

최근 본 한 영상에서 방송인 타일러가 한 말이 아주 인상 깊었다. "시작에도 자격이 있다는 생각을 버려야 해요. 실험적 사고를 가지고 일단 시도해 봐야 그다음 단계로 나아갈 수 있어요." 딱 나에게 필요한 말이었다. '내가 뭐라고'라는 생각은, 어떤 일을 하려면 자격이 필요하다는 믿음에서 비롯된다. 표면적으로는 겸손처럼 보이지만, 실은 완벽주의에 갇힌 자기방어일지도 모른다. 사실 내가 하려는 일들의 대부분은 꼭 어떤 자격을 필요로 하는 것도 아니다. 지금처럼 시도하지 않으면, 개선도 성장도 없이 영원한 '준비 중' 상태에 머무르게 될 것이다.

'내가 뭐라고'라는 생각에 맞서는 말은 '그러니까 힘 빼'가 아닐까. 무언가를 시작하기 위해 완벽히 준비되는 때는 오지 않을 것이다. 설령 준비를 완벽히 마친다 해도, 기대만큼 완벽한 반응이 오는 일 역시 드물 것이다. 그러니 모든 걸 통제하려는, 통제할 수 있다고 믿는 교만한 마음일랑 내려놓고 힘을 빼라고. 그리고 일단 해 보라고. 그러고 나면 자연스럽게 다음이 보일 거라고, 나에게 조용히 말해 본다. 그렇게 힘을 빼고, 지금 이 원고를 써 내려가 본다.

> "아웃풋은 다른 사람의 필요를 제공하는 것이구나, 그것들을 제공하면서 내가 부족한 부분들을 얼마든지 채워 나갈 수 있구나, 하는 사실을 깨닫게 됐어요."

23.
취약성을 이야기해요

나는 취약하다 고로 존재한다   The Power of Vulnerability (TED) | Brené Brown

어느 모임에서 나눴던 질문이다. "당신의 강점과 약점은 무엇인가요?" 누구나 한 번쯤은 접해 봤을, 익숙한 질문. '좋아하는 것'은 때마다 달라질 수 있지만, 강점이나 약점은 좀처럼 바뀌지 않는다. 사람이 잘 바뀌지 않아서겠지. 30년 넘게 살아오는 동안 내 대답은 늘 같았다. 강점은 섬세함, 약점은 예민함. 몸과 마음이 건강할 땐 섬세함과 예민함 사이 균형을 잡을 수 있지만 그렇지 못할 땐 예민함 쪽으로 기울어 스스로를 힘들게 한다고 말했다.

돌아가며 자신의 강점과 약점을 이야기했는데, 특히 약점에 대한 말들이 인상 깊었다. 누군가는 본인이 무딘 편이라 종종 센스 없다는 말을 듣는다고 했다. 또 다른 누군가는 잠이 많고 게으른 편이라고 했다. 조심성이 지나쳐 시작이 늘 느리다고 말한 이도 있었다. 다들 마치 잘못이라도 고백하듯, 조심스럽게 자신의 약점을 꺼내 놨다. 그런데 이상하게도, 약점을 말한 뒤 사람들의 얼굴은 강점을 말할 때보다 기분 좋게 상기되어 있었다.

더 흥미로웠던 건 사람들의 반응이었다. 누구랄 것도 없이 모두가 상대의 약점 속에서 반대면을 찾아 주려 했다. 내 세심함과 예민함이 동전의 양면처럼 맞닿아 있었던 것처럼, 무딘 사람에게선 모나지 않음과 포용력을, 잠이 많은 사람에게선 깨어 있는 시간을 더 집중해서 쓸지도 모른다는 가능성을, 조심성이 많은 사람에겐 철저한 준비성과 계획력을 말이다. 그렇게 사람들은 서로의 약점 속에서 가능성을 발견해 주었다.

브레네 브라운이 '취약성' 강연을 한 지 15년이 지났다. 이제 '취약성'이라는 단어는 낯설지 않다. 취약함을 드러내는 것이 관계를 깊게 만들고, 개인의 성장을 돕는다는 이야기도 이제는 익숙하다. 비록 직접 실천해 보진 않았더라도 이 개념을 들어 본 사람은 많을 것이다. 하지만 실제로 취약함을 드러낼 수 있을 만큼 심리적으로 안전한 관계는 점점 찾기 어려워지고 있다. 이제 사람들은 주로 온라인에서 만난다. 서로를 친밀히 알아 갈 충분한 시간도, 환경도 갖기 어렵다. 빠른 전달과 즉각적인 인지를 위해 사람들은 점점 더 효율적이고 평면적인 말로 표현된다. 그 과정에서 이야기들은 사라지고, 우리는 점점 더 단편적인 존재가 되어 간다.

나는 취약성이 취약성으로 남는 이유가 '이야기의 부재'에 있다고 생각한다. 이야기를 충분히 나누다 보면 취약성은 단순한 결점이 아니라, 우리를 이루는 다채로운 특성 중 하나로 보이기 시작한다. 하지만 우리는 이를 마치 도려내야 할 '문제점'처럼 여긴다. 진짜 취약성은 다른 데 있다. 나와 타인을 알고 이해하는 데 시간 쓰기를 아까워하는 조급함. 그리고 표면적이고 단편적인 정보만으로 누군가를 판단하는 인지적 게으름과 교만. 어쩌면 그것이야말로 우리가 극복해야 할 가장 큰 취약성이 아닐까.

"우리가 '충분하다'고 생각하는 것이 가장 중요하다고 생각해요."

24.
이미 운 좋은 사람

실력과 노력으로 성공했다는 당신에게 | 로버트 H. 프랭크

뉴스를 보다 보면, 정치든 경제든 사회든 마음이 놓이는 소식이 하나도 없다. 이 나라의 미래를 생각하면 모든 것이 불안하고 답답하지만, 특히 부동산 문제는 심각하게 느껴진다. 다음 세대의 삶은 안중에도 없는 것 같다. 자기 세대만 잘살면 된다는 듯한, 특히 부유한 윗세대의 태도를 보며 분노했다가 무기력해지기를 반복한다. 하지만 알고 있다. 분노와 무기력만으로는 아무것도 달라지지 않는다는 걸. 다행히도 제때 이 책을 만나 마음을 환기할 수 있었다.

우리는 흔히 타고난 가정환경을 '~수저'라는 말로 통칭하곤 한다. 생각해 보면 '흙수저'는 주로 자신을 설명할 때 쓰이고, '은수저'나 '금수저'는 타인을 말할 때 자주 등장한다. 〈실력과 노력으로 성공했다는 당신에게〉를 읽고 이 표현이 누군가에게 이미 자신이 가진 행운을 보지 못하게 만드는 프레임이 될 수 있다는 걸 깨달았다.

"만약 물질적으로 풍족한 사회가 좋은 것이라는 내 생각에 동의한다면, 개인의 행운에 있어서 다른 모든 것을 초월하는 가장 중요한 행운은 바로 고도로 발전한 선진국에서 태어나는 것이다."

물론 지금의 한국 사회도 녹록지는 않다. 하지만 세계적인 관점에서 보면, 한국에서 태어났다는 것만으로도 큰 행운일 수 있다. 아무리 살기 힘든 시대라 해도, 오늘 나와 내 가족이 전쟁터로 내몰릴 가능성은 거의 없다. 물을 얻기 위해 수십 킬로를 걸어야 하는 삶과도 거리가 멀다. 지금 우리가 꽤 좋은 조건 속에 살고 있다는 걸 부인하기 어렵다. 아침에 눈을 떠 무사하다 못해 지루할 하루를 예측할 수 있고, 자아실현과 성장까지 고민할 여유가 있다면 그 자체로 이미 운이 좋은 사람인 거다. 이보다 더 확실한 증거가 있을까?

그럼에도 우리는 이미 가진 것을 당연하게 여기고, 더 많이 가진 사람과 비교하며 열등감을 느낀다. 부족한 점을 곱씹으며 불만을 키우기도 한다. 이런 태도는 내 불행을 더 크게 느끼게 할 뿐 아니라, 다른 이의 어려움에도 둔감하게 만든다. 결국 모두가 불행해질 수밖에 없다. 하지만 내가 누리고 있는 것에 감사해할 때 세상을 보는 눈도 조금씩 달라진다. 그때서야 내가 무엇을 나눌 수 있을지, 어떻게 의미 있는 선택을 할 수 있는지 조금씩 보이기 시작한다.

윗세대를 탓하는 대신 그들의 노력이 지금의 나에게 준 영향을 부정하지 않기로 했다. 그리고 나는 다음 세대를 위해 지금 무엇을 참고, 미루며, 만들어 가고 있는지를 돌아봤다. 이미 많은 것을 누리고 있는 '운 좋은 사람'으로서, 그 운을 기꺼이 나누는 사람이 되어야지.

"자신의 행운에 대해 잘 느끼지 못하는 사람들은 다른 사람의 불운에 대해서도 마찬가지로 잘 느끼지 못한다."

25.
내가 먼저 좋은 사람이 되기

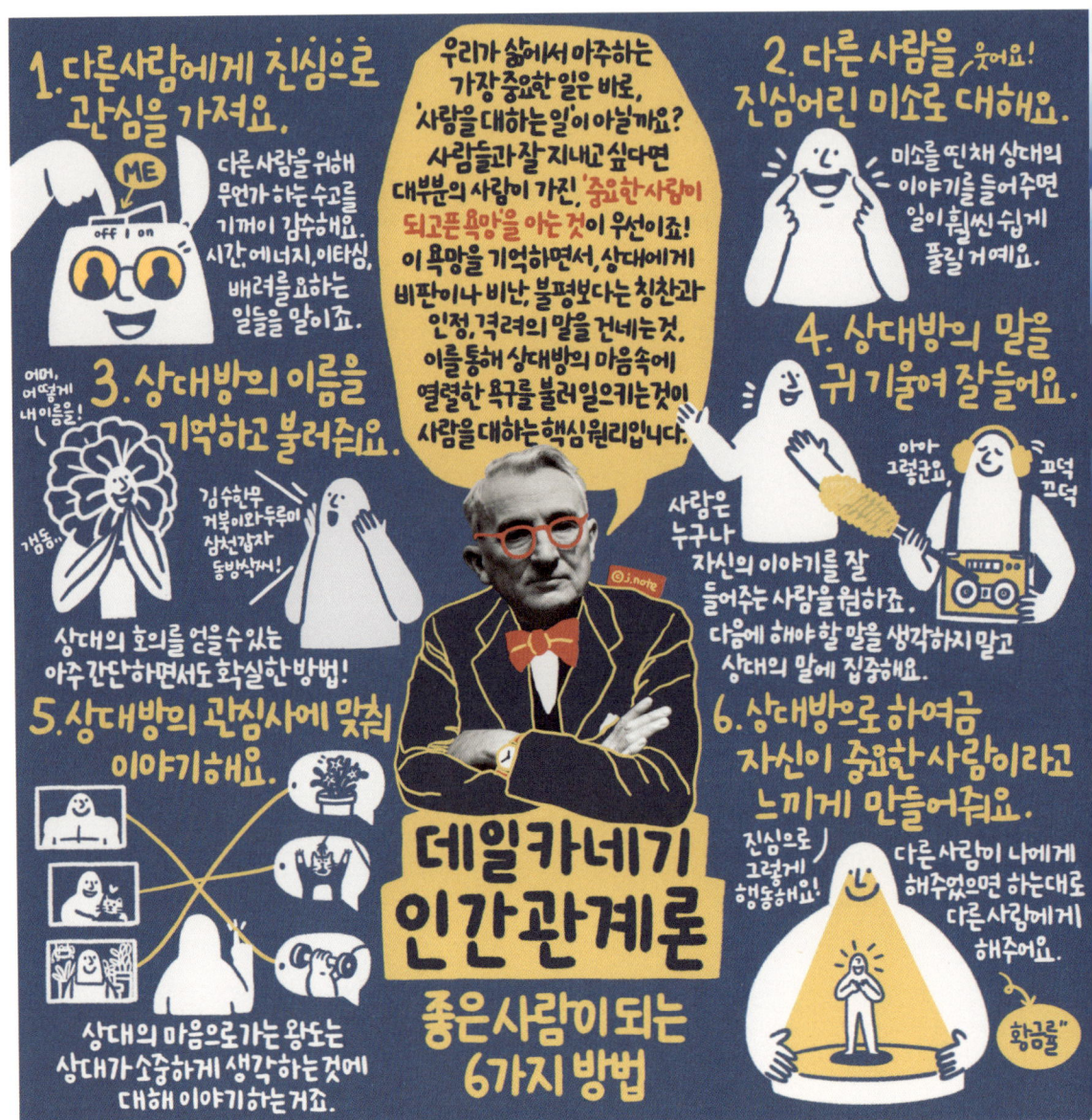

좋은 사람이 되는 6가지 방법　　데일 카네기 인간관계론 | 데일 카네기

'좋은 배우자를 찾는 법은 내가 좋은 배우자가 되는 것'이라는 말이 있다. 사람들은 흔히 자신의 기준에 맞는 사람을 찾으려 하지만, 사실 중요한 건 내가 먼저 좋은 사람이 되는 것. 내가 어떤 태도를 가지느냐에 따라 자연스럽게 비슷한 사람을 만나게 된다는 의미다. 처음에 이 말을 들었을 때, 눈이 확 트이는 기분이었다. 단순히 배우자를 고르는 일이 아니라, 인간관계 전반에 적용될 수 있는 진리처럼 다가왔기 때문이다.

이 노트를 만들 당시엔 미처 느끼지 못했지만, 지금 보니 '사람들이 당신을 좋아하게 만드는 방법'이라는 제목과 '사람을 잘 다룬다'는 표현이 조금 불편하게 다가온다. 타인을 내가 원하는 것을 얻기 위한 수단으로 삼고, 대상화하는 듯한 뉘앙스가 느껴지기 때문이다. 그런 이유로 제목을 다시 써서 '좋은 사람이 되는 방법'으로, '사람을 잘 다룬다'는 표현은 '누구에게든 잘 맞춰 준다' 정도로 바꿔 보았다. 관점만 바꿔도 실천하기가 더 쉬워질지 모른다.

누군가에게 잘해 주면서도 마음이 힘들었던 순간을 떠올려 보면, 속마음 어딘가엔 상대에게 무언가를 기대하고 있었던 것 같다. 내가 잘해 주는 걸 알아주길, 나도 그만큼 소중히 여겨 주길, 나를 좋게 봐 주길. 겉으로는 배려처럼 보여도, 결국은 상대가 내가 바라는 방식으로 반응해 주길 바라는 마음이었다. 관계 속에서 기대가 생기는 건 자연스럽다. 하지만 그 기대가 중심이 되면 관계는 어딘가 불편하고 어색해진다.

어떤 기대도 바람도 내려놓고, 그저 지금 이 순간 눈앞의 상대에게 진심으로 집중하는 것. 상대를 있는 그대로 바라보고, 관계 자체를 즐기는 것. 그렇게 힘을 빼면, 나는 자연스럽게 상대에게 좋은 사람이 되고, 상대 역시 나에게 좋은 사람이 된다. 나를 좋아해 주기까지 한다면 더 좋고!

"그러므로 무엇이든지 남에게 대접을 받고자 하는 대로 너희도 남을 대접하라. 이것이 율법이요 선지자니라." 신약성경 마태복음 7장 12절

chapter 3. 관계

26.
세상과의 연결고리

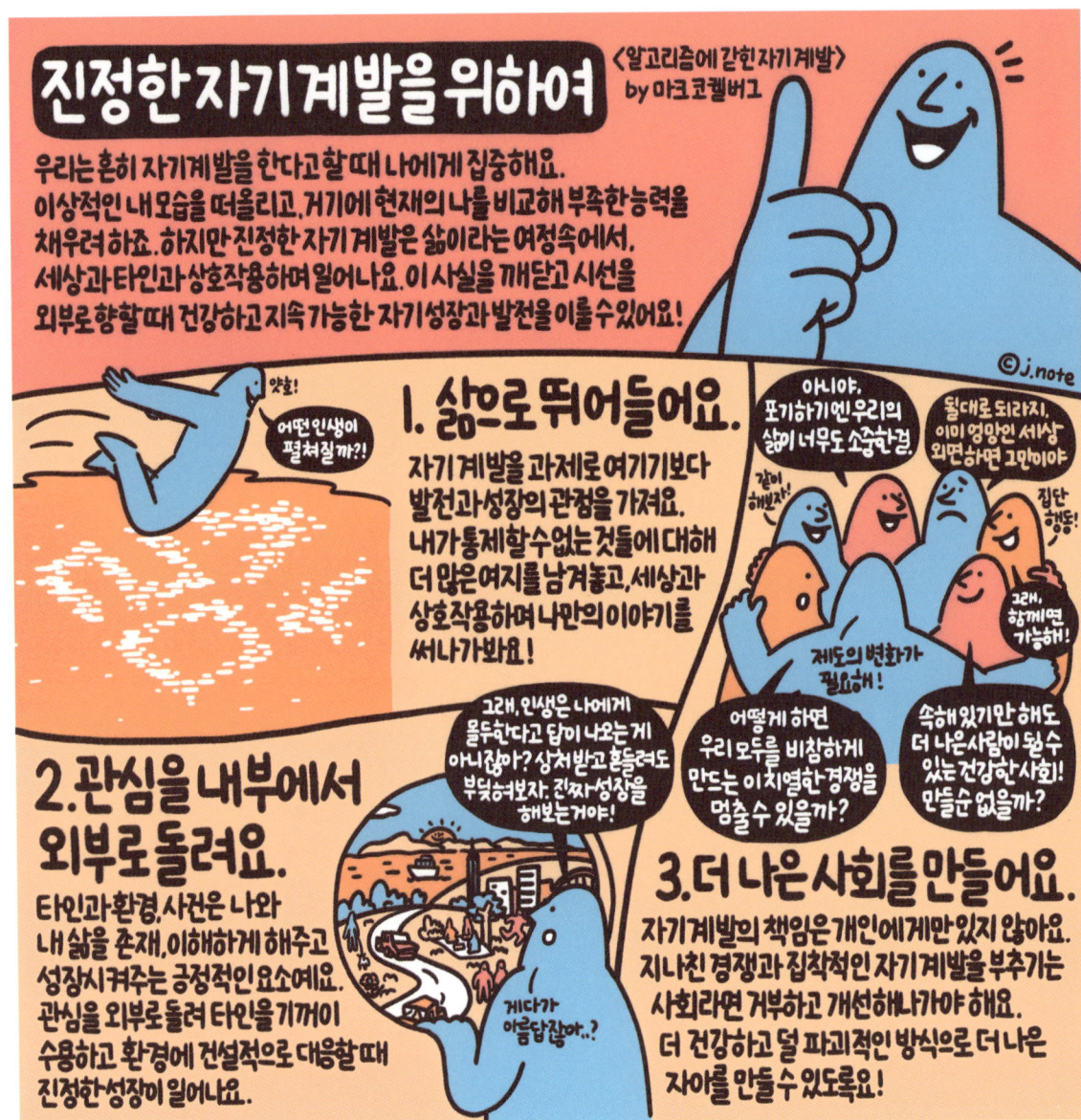

진정한 자기 계발을 위하여   알고리즘에 갇힌 자기 계발 | 마크 코켈버그

나는 기분이 가라앉았거나 스스로가 못나 보일 때면 사람들을 피하게 된다. 나의 부정적인 감정이 상대에게까지 전염될까 봐 걱정돼서다. 내가 나를 부정적으로 보는 만큼, 타인도 그렇게 볼 거라는 착각 때문에 괜히 위축되기도 하고. 이런 이유로 보통 마음이 힘들 때, 혼자 해결한 뒤 괜찮아지면 사람들을 만나려고 한다. 하지만 지금까지의 경험에 따르면 이럴 때 혼자 있으면 문제가 해결되기보다 상황이 더 악화되고 회복 시간만 더 길어진다. 고립된 채로 말이다.

이때 조금만 용기를 내어 사람들과 어울리면, 예상치 못한 방식으로 문제가 해결될 때가 많다. 결국 내가 내 감정과 생각에 매몰됐을 뿐이고, 대부분은 생각보다 별일 아니었다는 깨달음으로 끝이 난다. 사람들과의 대화 속에 마음도 가벼워진다. 게다가 평소 가깝게 지내는 사람들과 만났다면, 그간 잊고 있었던 '내 꽤 괜찮은 점들'을 재확인하며 자신감도 되찾고 말이다.

삶에서 경험하는 크고 작은 일들을 돌아보면, '자아는 오직 더 넓은 세상과의 관계 속에서 존재하고 발전할 수 있다'는 말을 실감하게 된다. 내가 나를 가로막고 세상과의 연결고리를 끊어 내지만 않는다면, 그래서 스스로를 고여 있게 만들지만 않는다면 언제든 관계 속에 존재를 환기하고 정화할 기회를 얻을 수 있다. 그저 힘을 빼고 세상을 향해 나를 열어 두기만 하면 된다.

"사람이 온통 자신 속에 감싸여 있으면 아주 작은 꾸러미가 되고 만다." 존 러스킨

27.
결과보다 관계

인정강박에서 벗어나는 방법 일터의 문장들 (오타 하지메) | 김지수

프리랜서가 되고 혼자 일하는 시간이 많아졌다. 정기적으로 만나는 사람도 없고, 특별한 약속도 거의 없었다. 사람들에게 받는 피드백이랄 건 결국 내가 만든 콘텐츠에 대한 평가뿐이었다. 하나를 만드는 데 쏟는 시간과 노력이 커질수록 그 반응이 전부처럼 느껴졌다. 좋은 반응을 얻으면 쓸모 있는 사람이 된 것 같아 뿌듯했지만, 기대만큼 반응이 없을 땐 허탈했다. 들인 시간이 헛수고처럼 느껴지고, 쏟은 마음도 무색해졌다.

그러다 문득 다른 환경이 필요하다는 생각이 들었고, 공유 작업실을 다니게 됐다. 매일 인사하고, 이런저런 이야기를 나누는 사람들이 생겼다. 누가 나를 대단하다고 평가하는 것도 아니고, 결과물에 대해 뭐라 말해 주는 것도 아니다. 각자의 자리에서 일하다가 가끔 커피를 마시며 담소를 나누거나 점심을 먹으며 사는 이야기를 하는 정도. 그저 그런 아주 소박한 연결 속에서 나는 뜻밖의 안정감을 느꼈다.

이런 일상적인 연결 속에서, 그간 잊고 있던 존재감을 조금씩 회복했다. 결과물과 상관없이 나라는 사람으로 환영받고 있다는 감각. 생각보다 그게 꽤 많은 걸 바꿨다. 나는 혼자 있는 걸 좋아한다고 생각했는데 알고 보니 결과물로만 이어진 일방적인 관계 속 긴장감 때문이었던 것 같다.

결과물에 대한 평가는 여전히 중요하다. 콘텐츠에 진심을 쏟는 만큼, 반응을 신경 쓰지 않을 수는 없다. 하지만 이제는 안다. 결과에 대한 인정만으로 나를 정의할 수는 없다는 것을. 여전히 어느 하나에 몰두하는 삶은 의미 있다고 믿는다. 다만, 그 하나만으로 내 존재감을 지탱하려 할 때는 위험하다. 원하는 반응을 얻지 못했을 때, 나를 붙들어 줄 그 무엇도 없게 되니까.

그래서 나는 요즘 더 다양한 관계 속에 나의 여러 면을 꺼내 놓고 연결되려 한다. 내 손에 쥔 일에 몰두하되, '꼭 이게 아니어도 된다'는 마음을 잃지 않으려 한다. 그래야 쉽게 무너지지 않는다.

> "그것(인정욕구)을 삶의 보람이나 동기부여로 이어가려고 한다.
> 독이 아니라 약으로 쓰이도록"

Chapter 4. 일

나의 속도와 방향으로

28.
참 인격적인, 일

일에서 더 많은 것을 얻는 법 살아가다 일하다 만들다 | 미나가와 아키라

일에서 무언가를 얻으려 할 때 흔히 하는 실수는 '일'을 주체로 여기는 것이다. 우리는 일이 무언가 해 주기를 기대하고, 자신을 수동적인 대상으로 놓는다. 하지만 일은 우리 손에 들린 도구일 뿐, 그 도구를 사용하는 주체는 바로 나다. 칼로 음식을 손질하든, 아이패드로 그림을 그리든, 결과는 결국 쓰는 사람에 따라 달라진다. 일도 마찬가지다. 어떤 결과를 얻느냐는 내가 그 일을 어떻게 다루느냐에 달려 있다.

나는 일이라는 도구로 무엇을 만들고 싶고, 또 무엇을 만들 수 있을지. 그래서 스스로에게 무엇을 해 주고 싶은지 주체적으로 고민해야 한다. 고민의 깊이에 따라, 얻는 것도 달라질 것이다. 하아, 출근도 귀찮은데 알아서 주어지면 얼마나 좋을까. 하지만 일이라는 도구는 우리를 그렇게 대충 대할 마음이 없다.

최근에 깨달은 흥미로운 사실이 있다. '일은 참 인격적'이라는 것이다. (비록 일을 주는 사람은 그렇지 않을지라도!) 일은 나에게 일방적으로 명령하지 않는다. 그저 나에게 기회를 준다. 주체적으로 생각할 기회, 문제를 해결할 기회, 창의성을 발휘할 기회를. 그리고 인격적으로 성숙할 기회를. 게다가 서두르지도 않는다. 당장의 마감 시간은 있을지언정, 내가 성장할 수 있도록 충분한 시간을 주며 기다린다.

나에게 이렇게 관대한 '일'을 오해하고 싫어하거나 외면하려 하면 결국엔 나만 손해다. 일이 주는 넉넉한 기회와 시간 속에서 능동적인 주체가 되기만 하면 된다. 그러면 성장과 보람, 아니 그보다 더 많은 것을 얻게 될 것이다. 자, 오늘은 무엇을 얻을까!

> "시켜서 하는 일이라고 느끼는 순간 멈춰 버리는 것이 있다. 그것은 바로 상상력이다.
> 우리는 모든 일에 상상력을 펼칠 수 있다."

29.
이촌동 잉어빵 전문가

내 일을 가치있게 만드는 방법　몰입의 즐거움 | 미하이 칙센트 미하이

나는 잉어빵을 좋아한다. 붕어빵 말고, 찹쌀로 만든 바삭하고 쫀득한 잉어빵을. 우리 집 주변에는 잉어빵 파는 곳이 없다. 어딜 가야 먹을 수 있는지 검색하다가 당근 어플 '동네 소식'에서 잉어빵 트럭의 출몰지를 알아냈다. 집에서 25분 거리쯤 되는 이촌동 두 곳에 트럭이 온댄다. 오예! 동생과 산책도 할 겸, 잉어빵을 낚으러 이촌동으로 향했다. 두 곳 중 더 가까운 쪽이 맛집인 것도 알아냈다. 하지만 다른 트럭도 위치나 알아둘 겸 가 보자 싶어 그쪽으로 먼저 향했다.

덜 맛집 트럭에는 주인 아저씨와 아줌마, 그리고 따뜻한 건지 식은 건지 알 수 없는 멀뚱하게 노란 잉어빵들만 있었다. 손님이 하나도 없는 것을 멀찍이서 확인하고는 바로 돌아서 맛집 트럭을 향했다. 두 트럭 사이의 거리는 꽤 됐지만, 길게 늘어선 줄 때문에 단번에 맛집 트럭을 알아볼 수 있었다. 줄 끝에 붙어 선 동생과 나는 잉어빵이 생겨나는 과정을 흥미롭게 지켜봤다. 잉어 모양의 틀을 뒤집는 주인 할머니의 손은 날랬지만 표정은 아주 여유로워 보였다. 트럭 주변에는 비둘기와 참새들이 떨어진 빵 부스러기로 들떠 있었다.

기다림 끝에, 우리가 주문할 차례가 됐다. "세 마리요!" 현금 이천 원을 트럭 위 뚜껑 없는 돈 통에 넣었다. 5분쯤 지났을까, 노릇하게 익은 잉어빵이 틀에서 건져졌다. "가져갈 거야, 지금 먹을 거야?" 가져갈 거라고 답했다. 할머니는 잉어빵 세 마리가 담긴 흰 봉투를 건네며 아주 진지한 얼굴로 말했다.

"절대 오므리면 안 돼. 눅져."

우리는 결의에 찬 표정으로 끄덕이며 서로 눈빛을 교환했다. 눈빛의 의미는 '이분 찐이다.' 돌아서자마자 우리는 잉어빵을 하나씩 꺼내들었다. 바삭! 하고 한입을 베어 무니 모락모락 뜨끈한 김과 함께 멍든 색 팥이 도톰하게 올라왔다. 그래, 이거지!

찹쌀 잉어를 씹으며 할머니의 전문성에 대해 생각했다. 할머니에게 '만들어 주고 돈 받으면 그만'이라는 태도는 절대 용납되지 않는 듯했다. 맛있게 만들고, 그 맛을 온전히 전달하는 것까지 신경 쓰시는 할머니를 보며 〈몰입의 즐거움〉에서 밑줄을 그었던 '나의 일을 가치있게 만드는 힘이 나에게 있다'는 문장이 떠올랐다. 나는 하나 남은 숭고한(!) 잉어빵이 든 봉투를 오므라들지 않게 조심히 들고 집으로 돌아왔다.

"상황이 요구하는 수준 이상으로 관심을 기울이면 대수롭지 않은 사건이
우리의 삶을 바꾸는 중대한 발견으로 뒤바뀐다."

30.
프리랜서의 안 좋은 점

일하는 시간도 내 인생인디! 　내가 가진 것을 세상이 원하게 하라 | 최인아

프리랜서가 되고 나서 가장 많이 들은 질문은 이것이다.

'혼자 일하니까 어때? 뭐가 좋고 나빠?'

좋은 점은 당연히, 원하는 시간에 원하는 곳에 있을 수 있고, 일하는 장소도 고를 수 있다는 것. 아마 모든 프리랜서가 똑같이 답하지 않을까. 그럼 안 좋은 점은? 여러 가지가 있겠지만, 작년에 뼈저리게 느낀 건 이 두 가지다.

하나, 슬럼프를 극복하는 데 시간이 오래 걸린다. 나는 에너지 기복이 심하다. 기력을 끌어올리는 용한 노하우 같은 것도 없다. 한번 다운되면 속수무책으로 꺼져 회복까지 꽤 많은 시간이 필요하다. 회사에 다니면 웬만해서는 이런 내 상태를 살필 여유가 없을 만큼 바쁘다. 그러다 보니 오히려 내 상태를 특별히 문제 삼지 않게 된다. (좋은 건가 싶지만, '관심을 돌릴 대상'이 있다는 건 생각보다 꽤 도움이 된다.) 거기다 동료들과 어울려 지내며 위로와 격려도 받고, 옆에서 열심히 사는 모습을 보며 '그래, 나도 정신 차려야지!' 하고 힘을 낼 수 있다. 하지만 혼자 있으면? 회복은 셀프입니다.

둘, 타의로 하는 일이 줄어든다. 이건 또 왜 안 좋은가 싶을 수 있다. 하지만 혼자 일해 보면 자의로 하는 일이 얼마나 뻔한지 알게 된다. 작년에 한 공유 작업실에 다녔다. 어느 날, 그곳에서 어떤 팀의 미팅이 있었다. 한쪽 테이블에서 일하고 있던 나는 (어쩔 수 없이, 몰래?) 미팅 내용을 듣게 됐다. 아마 어떤 공공 프로젝트를 위한 아이디어 회의였던 것 같다. 몸은 일하는 척 진지하게 앉아 있었지만, 머리는 이미 그들 테이블에 가 함께 아이디어를 내고 있었다.

'재미있겠다… 나는 한 번도 생각해 본 적 없는 주젠데. 맞아, 회사 다닐 땐 저렇게 새로운 일들이 많았었지. 나도 같이 하고 싶다….'

그렇다. 회사에서는 뭐든 맡겨지면, 평소 전혀 모르고 관심도 없었던 분야의 일이라도 어떻게든 찾아보고 배우면서 하게 된다. 그 과정에서 나의 세계가 넓어지고, 이전엔 몰랐던 관심사나 취향, 재능을 발견하기도 한다. 하지만 혼자 일하게 되면서 그런 경험을 할 기회가 거의 없다. (물론 노력하기 나름이겠지만.)

이번에 읽은 〈내가 가진 것을 세상이 원하게 하라〉 속 한 문장에 절절히 공감했다.

"나의 의도와 기호, 취향만이 나를 성장시키는 건 아닌 것 같습니다. 때론 내가 싫어했던 일, 혹은 당장의 이익을 가져다 주진 않는 일이 나를 키우죠."

회사에 다닐 때 이 책을 읽었더라면, 일을 조금은 다르게 대할 수 있지 않았을까. 괜한 아쉬움이 밀려왔지만, 지금 나에게 중요한 것은 현재일 테다. '지금 나의 일'이 서운해하지 않도록 온 마음을 쏟아야겠다.

"누누이 강조하지만 일은 자신을 위해 하는 겁니다."

31.
그런데 전문성이란 뭐지?

전문성을 어떻게 쌓지? 　일하는 마음 | 제현주

얼마 전에 한 마케터 모임에 참석했다. 모임 사전 설문지에 '일하는 분야와 직군, 연차'를 쓰는 란이 있었는데 뭐라고 써야 할지 애매했다. 평소에는 구두로 나를 소개하는 경우가 많아 두루 뭉술하게 넘어갔지만, 이렇게 구체적으로 적으려니 마치 체중계에 올라가는 것처럼 민망한 기분이 들었다. 조각난 이력들을 다 이어 붙여야 할까, 아니면 그나마 괜찮은 것들만 골라서 써야 되나. 고민하다 보니 '모임에 나가지 말까' 하는 생각까지 들었다.

나는 물경력이다. 시스템이 인정해 줄 만한 곳에서 일한 적도 없고, 한곳에서 진득이 일하지도 못하고 메뚜기처럼 옮겨 다녔다. 중간에 공백도 많았고. 그래서인지 '전문성'이라는 단어를 만나면 나도 모르게 쪼그라든다. 전문성이란 대체 무엇일까. 분야별, 연차별로 갖춰야 할 전문성의 기준이라는 게 있을까. 그 기준에 나는 얼마나 부합할까. 혼자 일하는 지금, '콘텐츠'라는 한 단어로 내가 하는 일을 퉁치기에는 너무 많은 경험들이 뒤섞여 있다. 햇수로 설명하기엔 촘촘하기도 하고, 때로는 헐렁하기도 한 지나온 시간들. 나의 전문성은 과연 어떻게 설명될 수 있는 것일까?

다행히 취소하지 않고 나간 그 모임에서 8년 차 마케터 한 사람이 말했다. 가끔은 이제 막 들어온 신입이나 다른 직군에서 온 팀원이 자신보다 더 나은 퍼포먼스를 낼 때가 있다고. 그럴 때면 전문성이란 무엇인지, 어떻게 쌓아 갈 수 있을지 고민하게 된다고 했다. 그의 말을 들으며, 탁월한 실력을 가진 비전공자 앞에서 위기감을 느꼈다던 어느 디자이너가 떠올랐다. 또 모두가 글을 쓰고 정보를 편집하는 시대에, 자신의 업을 고민하던 에디터도. 나보다 더 나은 상황처럼 보였던 이들도 결국 나와 같은 고민을 하고 있었다.

고민이 겹겹이 쌓일 때쯤 읽게 된 이 책에서 나름의 해답을 얻었다. 그중 하나가 오늘의 노트다. 내가 원하는 것은 전문성이라기보다, 직업인으로서의 여정을 이어 가게 해 줄 든든하고 지속 가능한 디딤돌이 아닐까. 어쩌면 내 고민은 네임밸류가 있는 회사에 소속된 적이 없다거나 내세울 경력이 없어서가 아니라 '이것만큼은 내가 자신 있어'라고 할 만한 무언가가 나에게 없다는 사실에 대한 불안감이 아니었을까. 외부의 조건에 나를 맞추려 애쓰기보다 내가 가진 것은 무엇인지, 그것을 갈고닦는 일에 집중할 때 '전문성'에서 자유로워질 수 있겠다는 반가운 실마리를 꽉 붙잡고 나아가 보자.

> "전문성이 외부로부터 주어지는 인정이라면, 탁월함은 자발적인 동기부여를 통해 스스로 쌓아 가는 역량이다."

32.
환기가 필요해

거리감이 주는 자유   일하는 마음 | 제현주

나의 입사지원 원칙은 '한 번에 한 곳만'이었다. 어떤 대단한 철학이 있어서가 아니라, 진심이 아니고서는 지원서를 쓰지 못하는 나의 곤란한 성향이 낳은 비효율이다. 이렇게 온 마음을 다한 지원에는 큰 반작용이 있었으니, 바로 불합격 시 타격감이 엄청나다는 것이다. 마치 오랜 짝사랑 끝에 용기를 내어 고백했다가 대차게 차인 기분이랄까? 내 존재를 부정당한 것처럼 몇 주를 우울감 속에서 허우적댄다.

그렇게 수차례의 타격감을 거쳐 조직에 소속되기를 반복하며 알게 됐다. 회사에서 어떤 지원자를 뽑지 않는 데에는 정말 오만가지 이유가 있다는 사실을. 단순히 '지원자가 별로여서'가 아니라, 갑작스런 예산 삭감이나 조직 개편으로 채용 자체가 취소되기도 한다. 내부 추천으로 유력한 후보가 정해졌을 수도 있고, 사수가 퇴사 의사를 밝히는 바람에 계획이 바뀌기도 한다. 성비를 맞추느라, 심지어 집이 너무 먼 지원자의 출퇴근 거리를 고려하느라 탈락시키는 경우도 봤다. 하지만 이런 내부 사정을 알 길이 없는 지원자는 불합격을 곧 '내가 부족해서'의 의미로 받아들이고 자괴감에 빠진다. 나 역시 그랬다.

회사에 들어가는 일에도 이만큼 복잡한 사정이 따라붙는데, 조직에 속해 여러 사람과 함께 일하는 과정은 말할 것도 없지 않을까. 이렇게 눈앞의 상황이나 결과를 줌아웃해서 바라보는 것만으로도 매몰되어 있던 생각과 감정이 한 걸음 물러나 숨구멍을 찾고 유연해진다.

일을 그만두지 않고 애정을 가지면서도 적당한 거리감을 유지하는 일은 결코 쉽지 않다. 하지만 하루 한두 번 창문을 열듯, 나와 일 사이도 주기적으로 환기시킬 필요가 있다. 한 걸음 물러서서, 자유가 틈탈 공간을 남겨 보자.

"하기로 한다. 그리고 그걸 한다. 이 사이클을 한 번씩 매듭지으며 사는 게 커리어고, 인생일지도 모르겠다."

33.
티 안 나게 게으른 사람

영화 〈트루먼 쇼〉는 보험회사원인 주인공 트루먼이 자신도 모르는 사이에 거대한 리얼리티 쇼의 주인공으로 살아가는 이야기다. 평범한 일상을 보내고 있다고 믿지만, 그는 날 때부터 거대한 세트장에서 살았고 가족과 친구들조차 연기자들이다. 어느 날, 삶에 대한 의문을 품기 시작한 그는 자신을 둘러싼 세계의 비밀을 깨닫고 탈출을 시도한다.

〈트루먼 쇼〉는 설정이 독특해서 한 번 보면 절대 잊을 수 없는 영화다. 영화를 본 사람이라면 누구나 한 번쯤 '나도 트루먼처럼 일거수일투족이 생중계된다면?' 하고 상상해 보게 된다.

나도 내 하루가 생중계되는 모습을 떠올려 봤다. 나는 매일 아침 여섯 시쯤 일어나 이불을 개고 물을 마시고, 고양이 똥을 치우고 씻는 것으로 하루를 시작한다. 비슷한 시간에 작업실을 오가며 책상 앞에 앉아 있고, 하루 세 번 규칙적인 식사를 한다. 그리고 비슷한 시간에 산책을 하고 스트레칭을 한 뒤 잠이 든다. 만약 천장에 카메라가 달려 있고, 소리 없이 내 모습을 영상으로만 기록한다면, 그걸 본 사람들은 아마 나를 부지런하고 성실한 사람이라고 생각할지도 모른다.

그런데 만약 카메라가 내 이마에 달려 있다면 어떨까? 제시간에 책상에는 앉아 있지만 할 일과 전혀 상관없는 웹서핑 화면이 나올 것이다. 딴 생각에 잠겨 한참 같은 페이지에 머물러 있는 책도, 폰을 보다 내릴 역을 놓칠 뻔해 지하철 문이 닫히기 직전 급히 몸을 내던진 순간도 고스란히 찍히겠지. 스트레칭을 한답시고 종아리 아래로 폼롤러를 몇 번 굴리다가 귀찮아서 멈춰 누워 있는 모습도, 습관적으로 폰 화면을 깨워 어떤 앱을 누를지 방황하는 손가락도…. 으으, 생각만 해도 수치심이 밀려온다! (이런 상상을 왜 해….)

어릴 적엔 '게으름' 하면 침대나 소파에 누워 하루 종일 TV를 보는 모습을 떠올렸다. 하지만 스스로는 게으르다 생각하는 나를 부지런하게 보는 사람들을 보며, 게으름의 이미지에 대해 다시 생각하게 됐다. 진짜 게으름은 몸이 아닌 머릿속에 있다. 복잡하고 어려운 일, 집중해서 해야 할 일을 외면하고, 부지런한 척 시간을 허비하는 삶의 방식, 그것이야말로 교묘한, 진짜 게으름뱅이의 정체가 아닐까.

"나는 그렇게, 우선순위를 조정하는 방식으로 일을 미뤄 버린다."

34.
이미 가진 것을 인정하고 써먹는 사람

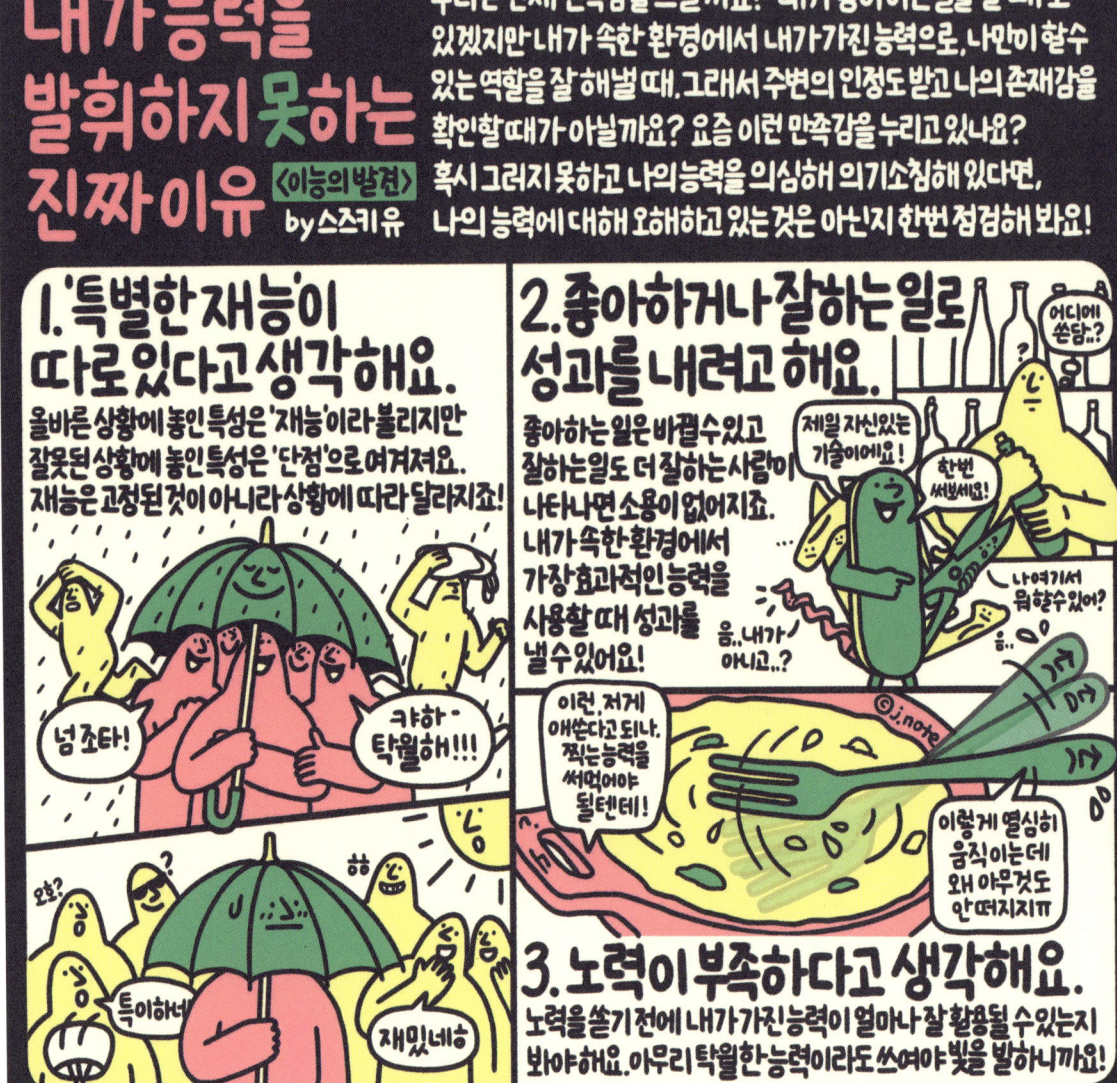

내가 능력을 발휘하지 못하는 진짜 이유　이능의 발견 | 스즈키 유

재능이란 '남들보다 월등히 뛰어난, 타고난 능력'을 가리킬 때 주로 쓰인다. 그런데 요즘 들어서는 더 다양하고 폭넓은 의미로 쓰이고 있다는 생각이 든다. 예를 들어, 눈썰미가 좋아서 상대의 작은 변화도 단번에 알아채는 사람. 처음 가는 길도 감만으로 척척 찾아가는 사람. 상대가 원하는 걸 기막히게 알아내 선물하는 사람, 같은 이야기도 맛깔나게 풀어내는 사람…. 이런 순간마다 우리는 "와, 이건 진짜 재능이다!" 하고 감탄한다. 그 크기나 쓸모와 관계없이, 재능이 누구나 가진 다양한 능력으로 여겨지는 지금의 분위기가 나는 좋다.

나를 포함해 주변을 보면, 누군가에게 "이건 재능이야"라는 말을 들었을 때 잘 받아들이지 못하거나 그냥 흘려듣는 경우가 많다. '이렇게 사소한 게 무슨 재능이야', '나보다 잘하는 사람이 얼마나 많은데', '이걸로 먹고살 수 있는 것도 아닌데, 대박 날 정도는 더더욱 아닌데.' 많은 사람들이 '1등을 못 하면, 돈이 안 되면 그건 재능이 아니다'라고 여기는 건 아닐까.

어디선가 '강점이란 자기가 할 수 있는 것 중에 가장 잘하는 것'이라는 말을 듣고, 순간 머리를 세게 맞은 기분이 들었다. 강점을 정하는 기준이 타인과 세상이 아니라 나라는 사실이 새삼 놀라웠다. 그런데 막상 현실에서는 여전히, 기존의 믿음을 따라 다른 누구보다 대단히 잘해야만 나를 인정해 준다. 그러다 보니 나는 늘 특별한 재능 하나 없는 맹숭맹숭한 사람처럼 느껴지는 것이다.

누군가의 사소한 능력에 감탄하며 재능이라 불러 주듯 나 자신에게도 그럴 수는 없을까. 세상에서 가장 뛰어나지 않아도, 돈이 되지 않아도, 내가 가진 사소하지만 다채로운 능력들을 의미 있게 여기고 잘 활용하면 나와 내 주변 모두를 더 풍요롭게 만들 수 있지 않을까. 나를 향한 감탄을 흘려듣지 않는 적당히 얇은 귀. 내가 가진 능력을 가볍게 여기지 않는 조금의 뻔뻔함. 이것이 지금 내게 필요한 태도인 것 같다. 결국 내가 가진 것들을 인정하고 써먹는 사람이 진짜 '재능있는 사람'이 되는 게 아닐까.

> "그저 자신의 특성을 이해한 다음 각자 상황에 맞는 최적의 행동을 취했을 뿐이지.
> 주변 상황을 제대로 파악하지 못하면 자신이 가진 특성이 도움이 될지 어떨지도
> 판단할 수 없네."

35.
최소 시작의 법칙

최소노력의 법칙 ⟨EFFORTLESS⟩ by 그렉 맥커운
Part2. 어떻게 하면 필수활동을 더 쉽게 해낼 수 있을까?

우리는 큰 노력을 들이고도 원하는 결과를 얻지 못할 때, 더 많은 시간과 노력을 쏟아부어요. 하지만 에너지는 고갈되고 오히려 결과는 더 좋지 않죠. 더 많이 노력하는 것만이 좋은 성과를 달성하는 방법일까요? 더 쉬운 방법은 없을까요?

'수월한 행동'이란 더 적은 노력으로 더 많이 성취하는 것을 말하는데요. 같은 일도 더 효율적으로 해내는 이 비결을 함께 알아볼까요?

1. 정의 내리기
일을 시작하기 전, 하려는 일이 '완료된 상태'가 어떤 건지 구체적으로 정의 내려요.

일 시작 전, '1분간' 완료 상태를 머릿속으로 생각한 뒤 일 시작하기!

2. 시작하기

수행할 일을 구체적인 단계로 잘게 나누고 가장 분명한 행동을 첫 단계로 삼아요.

최소한의 노력으로 최대의 정보를 얻을 수 있는 행동을 해봐요!

귀찮음과 불안을 이겨내고 일단 컴퓨터부터 켜는 것으로 시작!

3. 간소화하기
일을 완료하는데 불필요한 모든 군더더기를 제거하고 최소한의 단계를 찾아요.

모든 일에 150%를 쏟으려 하지 말고 '완료'하는데 집중해요!

4. 진전시키기
처음부터 완벽하려 하지 말고 투박하고 보잘것없는 모습을 받아들이고 일단 시작해요.

일단 요만도로 한번 날려보자! / 그래, 좋아!

최대한 지불할 대가가 적을 때 실패를 경험하고 배울 방법을 찾아요!

5. 페이스찾기

너무 필받아서 오바하고 싶은 날에도 Y이상은 넘기지 않는다
아무리 힘들고 안되는 날에도 무슨 일이 있어도 X이상은 해내고!

나만의 상한선, 나만의 범위를 세우고 그 페이스를 꾸준히 유지해요.

최소 노력의 법칙　최소 노력의 법칙 | 그렉 맥커운

주변에 실행력이 좋은 사람들을 보면 한 가지 공통점이 있다. 무언가를 시작할 때 복잡하게 생각하지 않는다는 점이다. 해 보지 않은 일의 결과를 이리저리 계산하기보다, '궁금한데, 일단 해 볼까?' 하는 마음으로 가볍게 움직인다. 그러고 나서 '조금 더 해 볼까, 이렇게 바꿔 볼까' 하며 작은 블럭을 쌓듯 일을 발전시켜 나간다. 그러다 보면 어느새 큰일이 되어 있다.

나는 다르게 접근한다. 시작도 전에 '잘할 수 있을까? 잘 못하면 어쩌지? 이게 최선의 방법일까? 지금이 최적의 타이밍일까?' 답을 알 수 없는 질문(이 아니라 고민)을 이어 간다. 그러다 보면 부담이 커져서, 결국 시도조차 못 하고 포기하게 되는 일이 많다.

처음에 〈최소 노력의 법칙〉이라는 책 제목을 보고, '적은 노력으로 최대 효과를 내는 가장 효율적인 방법을 알려주는 책인가?' 생각했다. 그런데 읽을수록, 이 책의 핵심은 '시작의 기술'에 있다는 걸 알게 됐다. 해야 할 일을 '쉽고 가볍게' 만들어 심리적 허들을 낮추는 것, 그래서 시작에 드는 에너지를 최소화하는 것.

머릿속에서 몇 주째 굴리며 시작하지 못하고 있는 일들에 스타트를 끊을 때가 된 것 같다. 이제 최소 노력의 법칙 실천편으로 넘어가자!

"버거운 기분이 든다고 해서 상황 자체가 버거운 것은 아닐지도 모른다.
어쩌면 머릿속으로 상황을 지나치게 복잡하게 만들고 있을 수도 있다."

36.
하다 보니 천직이 되었어요

천직으로 이직하기 위해 필요한 기술 5 | 어떻게 나의 일을 찾을 것인가 | 야마구치 슈

어릴 적에는 모든 인간에게 운명 같은 '천직'이 존재한다고 믿었다. 그래서 그 천직을 찾아내는 것이 평생의 과제라 생각했다. 지금 생각해 보면, 너무 수동적인 발상이었다. 한정된 조건, 유한한 시간 속에서 살아가는 인간에게 단 하나뿐인 천직을 찾으라니, 그건 너무 가혹하지 않은가? 게다가 천직이 맞는지 확인하려면 한 가지 일에 충분한 시간을 쏟아야 하는데, 우리가 평생 시도해 볼 수 있는 직업이 몇 개나 될까? 이렇게 좁은 선택지 안에서 '천직'을 찾으라는 건 애초에 불가능한 미션이 아닐까. 만약 이것이 신이 내린 운명이라면, 그 신은 너무 쪼잔한 존재가 아닌가!

내가 사회인이 되는 동안, 사회 분위기는 많이 달라졌다. 한때는 '돈만 아니면 절대 하지 않을 일'로 여겨질 만큼 일에 대한 태도가 회의적이었고, 워라밸을 사수하려는 사람들이 많았다. 하지만 이제는 일을 자아실현의 수단이자 삶의 중요한 가치로 여기는 사람이 늘어났고, '일잘러' 역시 능력 있는 사람으로 사회적 인정을 받는 분위기다. 덕분에 여러 직업인의 인터뷰나 책을 접할 기회도 많아졌다. 그러면서 한 가지 흥미로운 점을 발견했다. 한 분야에서 10~20년이 된 전문가들 중에는 지금의 일을 처음부터 천직이라 생각한 사람이 많지 않다는 것. 오히려 '어쩌다, 우연히' 시작했지만, 오래 하다 보니 천직이 되었다고 말하는 경우가 훨씬 많았다. 신기한 건, 그들이 하나같이 자신이 마주한 우연을 필연으로 바꿀 만큼 좋은 태도를 가졌다는 사실이다.

내가 생각하는 좋은 태도란, 자신의 삶에 주어진 재료들을 대하는 긍정적이고 건설적인 마음이다. 이 책에서 말하는 '호기심, 끈기, 유연성, 낙천성, 위험 감수'와 같은 태도는, 그냥 흘려보낼 수도 있었던 경험—사건이나 만남 같은 것들—을 내 안에서 의미 있는 무언가로 뿌리내리게 하고, 새로운 가능성으로 자라게 만드는 힘이 아닐까. 그렇게 자라나 맺힌 열매의 이름이 '천직'인 것이고! 그렇다면 천직은 찾는 것이 아니라 만들어 가는 것에 가깝다. 언젠가 나도 "하다 보니 천직이 되었어요"라고 말하는 날을 만나고 싶다.

> "미래를 예지하는 가장 확실한 방법은 미래를 만들어 내는 일이다."
>
> 피터 드러커, 〈매니지먼트〉

37.
생산성보다 중요한 것

생산성보다 불안을 관리해요   매일 분주한 당신, 실은 불안한 겁니다 (롱블랙) | 크리스 베일리

AI를 잘 써먹는 사람들이 점점 많아지는 것 같다. 나는 기술 변화에 둔감한 편이라 '나중에 필요하면 써 보지 뭐' 하고 헐렁하게 있던 사람이었다. 그러다 챗GPT의 이미지 생성 기능이 업데이트된 이후, 생각이 많이 달라졌다. 표현 방식도 스타일도 다양해졌고, 이제는 그 특유의 이질감이 거의 느껴지지 않았다. 오히려 '이제는 구별 못 할 수도 있겠는데?' 싶을 만큼 자연스럽고 익숙했다.

업데이트 직후, SNS 피드가 AI 이미지로 가득했다. 지브리풍 일러스트부터 광고용 사진, 네컷 만화까지. 누구나 프롬프트 몇 줄만으로 그럴듯한 결과물을 뚝딱 만들어냈다. 이 변화가 반가운 사람도 많았겠지만, 나는 전에 없던 긴장감과 막연한 불안을 느꼈다.

그사이, 나는 여전히 하나의 노트를 만들기 위해 스무 시간 넘는 작업을 반복하고 있었다. 지인들은 AI를 적극 써 보라고 했고, 나도 '지금의 방식이 과연 지속 가능한가?' 하는 생각이 들기 시작했다. 그래서 스크립트만 먼저 챗GPT로 써보기로 했다. 요약이나 문장 정리에 꽤 유용했다. 시간 자체가 크게 줄진 않았지만, 막막했던 마음이 조금 가벼워졌다는 점이 나에겐 꽤 컸다.

하지만 시각화 과정은 달랐다. 아이디어를 내고, 손으로 그림을 그리고, 텍스트를 쓰고, 여백을 조정해 마무리하는 일. 시간도 가장 많이 들지만, 나다운 결과물이 나오는 핵심이기도 해서 AI에게 넘긴다는 게 꺼림칙했다. 지금으로선 실제로 활용하는 데 한계도 있고. 물론 기술이 더 발전하거나, 내가 기준을 조금만 더 낮춘다면 언젠가 써 볼 수도 있을 거다. 하지만 그렇게 더 많은 작업을 빠르게 해낼 수 있다면, 그걸로 충분한 걸까? 그렇게 만든 결과물을 '내 작업'이라고 말할 수 있을까?

아직 잘 모르겠다. 그리고, 잘은 모르겠지만 이 고민만큼은 쉽게 정리되지 않았으면 좋겠다. 생산성보다 중요한 게 있다는 걸 잊지 않기 위해서라도.

"왜 생산적이고 싶은지, 더 많은 일을 빨리 처리하면 뭐가 좋은지 떠올려 보라."

38.
저녁엔 제발 마음 편히

'생산성 수치심'에서 벗어나는 방법   Embracing Productivity Grace (RescueTime blog) | Robin Copple

금요일 저녁, 한 주를 돌아볼 때면 어김없이 찜찜한 기분이 찾아온다. 무엇인가 충분히 해내지 못한 것만 같은 불쾌감. 그 감정의 실체가 '생산성 수치심'이라는 정확한 단어로 쓰인 걸 보고 신발 속 모래알을 빼낸 듯한 개운함을 느꼈다. 동시에 문제의 인식과 해결 사이의 간극이 생각나면서 애매한 불쾌함도 밀려왔다. 그렇다면 이 수치심에서 어떻게 벗어날 수 있을까?

지금까지의 경험을 돌아보면, 생산성 수치심은 누군가의 기대에 미치지 못해서가 아니라, 내가 세운 기준과 목표에 도달하지 못한 것에서 오는 실망과 불만 때문인 경우가 대부분이다. 물론 더 나은 생산성과 결과물을 추구하는 것은 중요하고 의미 있는 일이지만, 그토록 애쓴 이유가, 내 존재 가치를 증명하려는 강박 때문은 아니었는지 냉정하게 돌아봐야 한다. 혹은 두려움이나 불안 때문은 아닌지도. 어쩌면 그래서 필자는 '생산성과 자존감을 분리하라'는 처방을 첫 번째 해결책으로 제시한 것인지도 모른다.

내 존재 가치를 생산성에 두는 것. 이 믿음의 바탕에는 '나는 목표를 달성해야만 가치 있는 존재다'라는 전제가 깔려 있다. 목표만큼 해내지 못하면 나는 가치 없는 존재가 되는 것이다. 이런 생각은 어디서부터 온 것일까? 성장 과정에서의 환경과 경험, 그에 대한 나의 해석이 얽혀 만들어진 것일지도 모른다. 하지만 그것을 알아낸다고 해서 문제가 해결되진 않을 것이다. 그럼 어떻게 해야 할까?

생각해 보니, 나에게 수치심을 주는 사람은 누구인가? 목표를 계속 상향 조정하며 스스로를 다그치는 사람, 다름 아닌 나 자신이다. 그렇다면 나를 가장 불쌍히 여기고 위로해 주는 사람은 누구인가? 아이러니하게도 나는 아니다. 나는 수치심을 느끼는 나를 내버려두거나, 더 나무랄 뿐이다. 이건 너무 불공평하지 않은가?

나를 가장 다그치는 편에 내가 서 있다면, 나를 가장 불쌍히 여겨 주는 편에도 내가 있어야 하지 않을까. 수치심을 주는 사람이 나라면, 거기서 나를 꺼내 줄 사람도 결국 나뿐이다.

> "자존감을 생산성과 연결시키는 사회적 조건은 만연한 문제이며, 과잉 생산적인 문화의 끊임없는 요구로부터 개인의 가치를 분리하려는 의도적인 노력이 필요합니다."

39.
실패도 인생의 소중한 한 장면

최선을 다했지만 실패한 당신에게 | 최선을 다했지만 실패한 당신에게 들려주고픈 이야기 (유튜브 @EO) | 돌돌콩

2024년 프랑스 올림픽에서 역대 최소 인원으로 출전한 한국 선수단은 종합 메달 순위 8위 안에 드는 쾌거를 이루었다. 올림픽 기간 동안 한국 선수들은 높은 성적뿐 아니라 도전정신과 자신감, 승패와 관계없이 상대를 존중하고 격려하는 태도로 보는 사람들에게 큰 감동을 주었다. 그중 뛰어난 실력과 강한 존재감, 여유 있는 태도로 큰 인기를 얻은 선수는 사격 은메달리스트인 김예지다.

그녀는 10미터 공기권총 결선에서 은메달을 따고, 본래 주 종목인 25미터 권총 사격에서 금메달에 도전했다. 하지만 경기 중 실수로 실격 처리됐고, 결선 진출이 좌절됐다. 유력한 금메달 후보였던 그녀의 뜻밖의 실격은, 보는 이들에게도 큰 아쉬움을 남겼다. 하지만 그 결과보다 더 강한 인상을 남긴 건, 경기 직후 그녀가 남긴 말이었다. 그녀는 특유의 담담한 미소를 띤 채 말했다.

"0점을 쐈다고 해서 세상이 무너지는 건 아니잖아요. 이번 시합 하나로 사격을 그만두게 되는 것도 아니고요. 실망스럽긴 하지만 내 여정의 일부라고 생각해요. 이 대회가 내 커리어나 인생을 정의하지도 않고요. 인생은 계속되고 이건 하나의 대회일 뿐이니까요."

올림픽 금메달 후보란, 전 세계에서 그 종목을 가장 잘하는 몇 사람 중 하나라는 뜻이다. 그 자리에 오기까지 그녀가 지나온 훈련의 시간은 길고 혹독했을 것이다. 그러니 이번 결과가 가장 아쉽고 속상했을 사람 역시 그녀이지 않을까. 하지만 결과 때문에 울지 않았느냐는 기자의 질문이 무색하리만큼 그녀는 덤덤했다. 누군가는 실패라고 할지 모를 결과를 인생이라는 긴 여정 속 하나의 과정으로 여기는 듯했다.

최선을 다하고도 좋은 결과를 얻지 못하는 건 누구라도 피하고 싶은 경험이다. 하지만 인생이 어디 내 뜻대로 되던가. 실패처럼 보이는 순간이 찾아올 때 김예지 선수를 떠올리자. 어떤 결과도 어떤 과정도 결국 나의 삶을 이루는 소중한 한 장면이자 이야기가 된다. 그 믿음이 다시 한번 우리를 앞으로 내딛게 할 것이다.

"그 100개의 NO 끝에 한 번의 YES만 있으면 되잖아요."

Chapter 5. 일상

정성스러운 반복

40.
시작을 가로막는 에고의 망상

에고가 나를 방해할 때 생기는 일 에고라는 적 | 라이언 홀리데이

이룬 것이 없고, 자신감이 부족하면 에고도 약한 걸까? 나는 아니라고 생각한다. 성공한 이들의 부풀려진 자아는 자만심으로 쉽게 드러나지만, 시작 단계의 에고는 타인뿐 아니라 스스로도 잘 알아차리기 어렵다. 조심스럽고 의기소침한 태도로 드러나기 때문이다.

무언가를 시도하려 할 때 고민하는 이유는 대체로 비슷하다. '잘하고 싶은데, 잘 못하면 어쩌지? 실패하면 어쩌지? 남들이 나를 어떻게 볼까?' 하는 생각 때문이다. 여기서 더 나아가, 잘하지 못할 것 같으면 아예 시작조차 하지 않으려는 사람도 있다. 이런 생각의 기저에는 미숙한 자신의 모습을 보고 싶지 않은 마음이 깔려 있다.

하지만 냉정히 보면, 해 보지 않은 일을 왜 '나만 특별히' 잘해야 한다고 믿는 걸까? 어쩌면 '잘하는 나'만이 나라고 믿고 있어서, 서툰 나를 견디지 못하는 건 아닐까.

'남들이 나를 어떻게 볼까?'라는 질문에 대한 답은 이미 알고 있을 것이다. '사람들은 나에게 별 관심이 없다'는 사실. 우리는 모두 각자의 삶을 살기에 바쁘다. 다른 사람이 (나만큼) 나에게 관심을 갖고 있을 것이란 생각 역시 에고의 망상이다. 그러니 (아주) 마음껏 시도해도, 도전해도 된다. 만약 누군가 나의 실패를 알아채고 비웃거나 비난한다면, 감사해야지. 이 바쁘고 정신없는 세상에서 나에게 관심을 가져 주다니!

이렇게 나 자신을 냉정하게 들여다보고 에고의 방해를 뿌리치기만 한다면 어느새 나는 시도 전문가가 되어 있을 것이다. (이 글은 나와 비슷한 사람을 보며, '거울 치료'를 당한 후기다.)

"에고를 대체하는 덕목은 바위처럼 단단한 겸손함과 자신감이다."

41.
일단 적어야 한다, 그게 무엇이든

일기 쓰는 법   일기 쓰는 법 | 조경국

어릴 때는 일기를 쓰는 게 정말 싫었다. 학교에서 '즐거운 생활'이라고 적힌 샛노란 표지의 일기장을 나누어 주었는데, 다른 아이들과 같은 일기장이라는 사실부터가 즐거움과 멀었다. 일기를 쓰는 이유 역시 내 하루가 너무 소중해 기록하지 않을 수가 없어서가 아닌, 선생님의 일방적인 요구라는 점이 반발심을 불러일으키기에 충분했다. 속으로는 못마땅함이 가득했지만 나는 공부는 못하고 애매하게 착한 학생이었기 때문에 생존 전략상 시키는 대로 열심히 써 갔다. 그렇게 쥐어짜듯 써낸 기록들이 그때의 기억을 대신해 주었다.

중학생이 되자 선생님은 내 하루가 이제 궁금하지 않았나 보다. 더 이상 일기를 요구하지 않았다. 대신 점수를 요구했다. 덕분에 나는 글로 하루를 꾸며내는 일에서 해방되었지만, 그 시절에 대한 기억은 쥐어짠 기록으로도 남아 있지 않게 됐다. 그 후 대학생이 되고 나서야 다이어리라고, 좀 더 있어 보이는 이름이 된 일기장을 자발적으로 쓰게 됐다. 구체적인 계기는 기억나지 않는다. 그때의 나는 우울감이 잦았고 깊었다. 그 감정을 다 받아 줄 만한 대상 중에 일기만 한 게 없었던 것 같다.

이제는 검사하는 사람도 없으니 쓰고 싶을 때 쓰고 싶은 말을, 그만 쓰고 싶을 때까지 쓰면 됐다. 매해 초 같은 다이어리를 사서 내킬 때마다 듬성듬성 써 나갔는데, 그렇게 모인 게 다섯 권쯤 된다. 언제였을까, 그동안 쓰기만 하던 일기를 다시 읽어 보게 됐다. 그 안에 적힌 나는 지난 5년간 그리 달라지지 않아 보였다. 영화 〈사랑의 블랙홀〉을 보면 주인공 필이 어느 '하루'에 갇혀 매일이 반복되는 마법에 걸린다. 일기 속 나도 무언가에 갇힌 사람처럼 그저 같은 생각을 하고 비슷한 감정을 느끼며 같은 방식으로 반응하고 있었다. 몇 년째 제자리걸음이었던 걸까. 뜻밖의 허무함에 나는 그날 이후로 한동안 일기를 쓰지 않았다.

시간이 지나 외관상 조금 더 어른이 됐다. 달라진 것이 있다면 나와의 대화에 전보다 능숙해졌달까. 전에는 대화가 꼭 창문이 없는 방 같았다. 가득 차오른 감정이 흘러가지 못하고 마음 안에 뿌옇게 갇혔다. 지금은 필요할 때마다 환기를 시켜 새로운 감정과 생각이 들어올 자리를 만들 수 있게 됐다. 달라진 대화는 일기의 방향도 바꿔 놓았다. 이전과 같이 마음을 쏟아내지만, 오늘에, 과거에 머무르지 않고 내일을 향하는 이야기로 마칠 수 있게 됐다. 그러고 나니 일기가 더 이상 버겁지 않다. 다시 읽을 만도 하다.

돌아보면 맘에 들지 않았던 일기까지도 어찌 됐든 적어 냈기 때문에 지금 이 변화를 알아챌 수 있는 게 아닐까. 그러니 일단 적어야 한다. 그게 무엇이든.

"오늘부터 일기를 쓸 것! 규칙적으로 쓸 것! 포기하지 말 것! 설령 아무 구원도 오지 않더라도. 나는 언제라도 구원을 받을 만한 가치가 있고 싶다." 프란츠 카프카, 1921년 2월 25일

42.
자신감과 매력, 끌어올려!

외모 자신감 높이는 법   제이

드라마 〈일타 스캔들〉을 보고 나는 뚱뚱해졌다. 뼈만 남은 정경호와 그의 품에 파묻히듯 안기는, 더 뼈만 남은 전도연을 보고 있자니 갑자기 돼지가 된 기분이었다. 게다가 전도연은 50이라는 나이가 믿기지 않을 정도로 어쩜 그렇게 예쁘고 사랑스럽던지. 같은 여자가 봐도 연신 감탄이 나왔다.

그때쯤 재밌게 봤던 유연석, 문가영 주연의 드라마 〈사랑의 이해〉도 비슷했다. 주변에서 본 적 없는 큰 키에 넓은 어깨를 가진 유연석과 그의 열렬한 사랑을 받는 문가영. 그녀 역시 전형적으로 보호본능을 자극하는, 가냘픈 몸매에 청순한 생머리를 하고 있었다. (성격은 전형적이지 않은 것 같았지만.)

평소 드라마를 잘 보지도 않다가 무슨 바람이 들어 두 편을 연달아 보고 나니, 은연중에 이런 생각이 들었다. '나는 이제 그리 적은 나이도 아니고, 가냘픈 몸매도 아닌 데다가 저렇게 사랑스럽게? 하고 다니지도 않는데, 과연 누굴 만날 수 있을까?'

나는 키 163센티에 보통 체형이다. 30대가 된 지금도 반팔 박스티나 오버핏 맨투맨에 무릎이 늘어난 청바지를 즐겨 입고 운동화를 신는다. 쓰는 화장품은 톤업이 되지 않는 썬크림과 아이브로우 펜슬이 전부다. 머리는 티도 잘 나지 않는 뿌염으로 갈색 머리를 유지할 뿐, 파마나 드라이도 해 본 적이 없다. 구두도 안 신고 치마도 안 입는다. (물론 필요하다면 입을 정도의 유연함은 있지만.)

이런 내 모습은 드라마 속 가냘프고 사랑스러운 여자들과는 달라도 너무 다르다. 나는 지금까지 내 스타일을 스스로 개성 있다고 생각하며 잘 살아왔는데, 드라마 두 편에 갑자기 자신감이 뚝 떨어졌다. 내 모습은 어제나 오늘이나 그대로인데 말이다.

생각해 보면 평소의 나조차도 연예인처럼 잘생기고 예쁘거나, 몸이 좋은 사람보다 자기만의 개성을 드러내는 사람들에게 더 큰 호감을 느끼곤 한다. 그런데 아무 생각 없이 TV나 SNS를 보다 보니, 나도 모르게 미디어에 비춰진 특정한 이미지를 기준으로 나를 판단하고 있었다. 스스로를 초라하게 만들면서 말이다.

아무리 생각해도 이건 아니다. 나만의 기준을 빼앗길 순 없어! 바보 같은 생각을 단호하게 쫓아낸다. "안 돼! 딱 여기까지!" 드라마 시청은, 이제 그만! 자신감과 매력, 끌어올려~!

> "정신 좀 차려, 네 인생의 꿈이 겨우 예뻐지는 거였어? 그게 대체 뭐라고.
> 우린 네 외모가 어떻든 상관없어." 영화 〈아이 필 프리티〉

chapter 5. 일상

43.
다 잘 자자고 하는 일인데

꿀잠 잘 준비됐나요? 잠과의 전쟁, 최고의 수면을 찾아서(23.08.23) | KBS 생로병사의 비밀

적게 자는 만큼 성공한다? 일찍 일어나는 새가 벌레를 잡는다? 돌이켜 보면 나의 10대, 20대 시절에는 잠, 특히 아침잠이 많은 것이 게으름의 상징으로 죄악시하는 분위기가 있었던 것 같다. 성공한 사람들은 네 시간만 잔다는 둥, 새벽 네 시에 하루를 시작한다는 둥. 듣기만 해도 피로가 몰려오는 말들로 다크서클이 생길 지경이었다. 물론 나는 잠이 많지 않은 데다가 아침형 인간이기 때문에 특별히 불리할 건 없었다. 하지만 성공한 사람은 아니었으니, 수면 시간과 아침형 인간 여부는 성공과 무관하다는 사실의 증인일 뿐이었다.

요즘 잠에 대한 인식을 보면 "그럼 일찍 일어나는 벌레는 어떻게 되냐"는 말이 나올 정도니. 세상이 참 안 변하는 것 같아도 변하는구나 싶다. 너무 점진적이어서 극적으로 체감하지 못할 뿐. 그사이 잠이 인간의 건강과 삶의 질에 결정적인 역할을 한다는 것이 밝혀졌다. 수면 패턴은 개인의 체질과 라이프 스타일에 따라 얼마든지 다를 수 있고 존중받아야 한다는 분위기도 생겨났다. 아침형이든 올빼미형이든 자신에게 맞는 시간대에 제 할 일만 잘하면 그만이다. 나는 이런 분위기가 썩 마음에 든다. 이토록 고달픈 시대에, 우리가 무장해제될 수 있는 거의 유일한 시공간인 '잠'. 이 영역만큼은 법을 만들어서라도 지켜내야 한다고 믿는다.

나는 매일 밤 거의 같은 시간에 눈을 감고, 다음 날 아침 거의 비슷한 시간에 눈을 뜬다. 평소 밤 시간의 여유와 낭만이 아까워 못 자는 사람은 봤어도 나머지는 나처럼 잘만 자는 줄 알았다. 그런데 웬걸, 주변에 불면증을 겪는 사람들이 생각보다 많다는 사실에 놀랐다. 잠을 주제로 대화할 일이 없어 몰랐을 뿐. 나도 가끔 카페인이 센 커피를 마셨거나 낮잠을 많이 자는 바람에 새벽 두세 시까지 자지 못할 때가 있다. 그러면 아주 드문 일인데도 그렇게 고통스러울 수가 없다. 내가 이 정도인데 수면 장애로 매일 밤을 이렇게 보내는 사람들은 대체 어떻게 일상생활을 해 나갈까. 고통을 피해 잠으로 달아날 수도 없고 말이다.

〈생로병사의 비밀〉 방송을 보면서 이런 생각이 들었다. 수면에 대한 사회적 인식이 한 번 더 바뀌어야 한다고. 이 시대의 잠은 밤이 되어 어쩔 수 없이 맞닥뜨려야 하는 무언가로 여겨진다. 하지만 오늘 잘 자는 것이 내일 하루에, 매일의 잠이 내 건강과 삶에 미치는 영향을 생각해 보면 그렇게 수동적인 태도를 가질 일이 아니다. 낮 시간을 어떻게 보낼지 고민하듯, 자는 시간 또한 어떻게 잘 보낼지 (잘 잘지) 고민해야 하지 않을까. '다 먹고살자고 하는 일인데'라는 말이 있다면, 앞으로는 '다 잘 자자고 하는 일인데'도 더 자주 들리는 세상이었으면 한다.

"시험장에서 열심히 하는 것보다 더 중요한 게 뭐냐 하면 사실 시험공부잖아요.
잠이라는 시험을 잘 보기 위한 최고의 시험공부는 아침 빛과 몸의 충분한 움직임입니다."

이헌정, 고려대 안암병원 정신건강의학과 교수

44.
오케이, 여기까지!

걱정하는 습관을 없애는 6가지 방법   데일 카네기 자기관리론 | 데일 카네기

어릴 적 MBC 시트콤 〈거침없이 하이킥〉을 즐겨 봤다. 극 중에서 재미를 주는 코믹한 캐릭터는 주로 이순재, 나문희, 정준하였다. 하지만 내가 가장 좋아하는 인물은 박해미였다. (그녀야말로 '거침없이 하이킥'이라는 제목에 가장 부합하는 캐릭터다.) 그녀는 내가 갖지 못한 당찬 성격과 결단력의 소유자였다. 중요한 게 무엇인지 알고, 결단력 있게 결정하고 거침없이 실행했다. 상대가 누구든 눈치 보지 않고 NO를 말할 줄 아는 용기도 지녔다. 그런 그녀의 성격을 단적으로 보여주는 습관이 있었는데, 그것은 쓸데없는 생각이나 걱정이 들 때 '오케이, 여기까지!'라고 외치며 생각을 끊어 내는 것이었다.

그 모습을 볼 때마다 부정적인 생각의 고리를 못 끊어 내는 내 모습이 떠오르면서, 대리만족의 쾌감을 느꼈다. 나는 소심하다. 겁도 걱정도 많은 편이다. 엄마는 종종 걱정에 사로잡혀 있는 나를 향해 '생각을 딱 끊어 내 봐, 박해미처럼!'이라고 말한다. 그럼 나는 그녀의 말투와 제스처를 어설프게 흉내 내며 '오케이, 여기까지!'라고 외친다. 그 순간만큼은 정말 홀가분해진다. 하지만 금세 원상복구되곤 한다. 그렇게 현실에서는 부정적인 생각을 끊어내는 일이 결코 쉽지 않다.

문득 그런 생각이 들었다. 박해미는 처음부터 그렇게 결단력이 있었을까? 그녀도 처음부터 오케이를 외치진 않았겠지. 분명 그런 시도를 하게 된 계기가 있었을거다. 젊은 시절에는 '오케이, 여기까지!'를 외치고는 지금의 나처럼 금세 제자리로 돌아오지 않았을까? 그럼에도 다시, 또다시 외치면서 결단의 지속 시간을 늘려 나간 게 아닐까?

우리는 본능적으로 부정적인 신호에 더 예민하게 반응한다. 그 본능을 거스르는 변화는 자연히 더 어렵고 더디다. 그렇다고 걱정에 매몰되어 오늘을, 지금을 허비할 수는 없지 않은가! 얼마나 오래가든, 다시, 또다시 외쳐 볼 테다. "오케이, 여기까지!"

> "우리는 무시하고 잊어버려야 할 사소한 일 때문에 속상해합니다. … 이 땅에서 고작 몇십 년을 살다 갈 뿐인데, 머지 않아 잊어버리게 될 걱정이나 하면서 소중한 시간을 낭비합니다. 그러지 말고, 가치있는 행동과 감정, 원대한 사고, 진정한 사랑, 오래도록 남을 일에 삶을 바쳐야 합니다. 사소한 일 따위에 신경 쓰기에는 삶이 너무나 짧으니까요."

45.
확실한 행복 붙잡기

행복감을 가라앉히는 4가지 사고습관 | 게으르다는 착각 | 데번 프라이스

'너무 행복한데… 왜 불안할까?'
가끔 온몸이 저릿저릿하도록 행복한 순간, 마음 한편에서 낯선 감정이 고개를 든다. 마치 예상치 못한 행운이 찾아온 것처럼, 괜히 조심스럽고 낯선 기분. 이게 정말 내 몫이 맞을까 싶은. 왜 이런 생각이 드는지는 잘 모르겠다. '내가 뭘 그렇게 잘했다고, 이렇게 행복해도 되는 걸까? 언젠가는 그 대가를 치르게 되지 않을까?' 이런 생각이 꼬리를 물다 보면 행복의 크기는 점점 줄어들고 불안은 더 넓게 퍼진다.

언젠가 내 예감이 기적적으로 맞아떨어져 정말로 대가를 치르는 순간이 올 수도 있다. 하지만 진짜 문제는 그게 아니다. 불확실한 미래에 대한 불안 때문에, 지금 내 앞에 확실한 행복을 누리지 못한다는 것이다. 행복은 행복대로 충분히 누리지 못하고, 대가까지 치르게 된다면? 이보다 억울한 일이 또 있을까. 억울한 게 불안한 것보다 싫었던 걸까. 나는 마음을 조금 달리 먹어 보기로 했다. 행복할 땐 행복을 최대한 만끽하고 흡수하자고. 그래서 고통이 찾아올 때 꺼내 볼 수 있도록 행복을 비축해 두자고.

마음을 바꾸고 나니 행복할 때 더 열렬히 행복할 수 있게 됐다. 하나도 놓치지 않고 온전히 누리고, 행복을 남김없이 쌓아 두려 애쓰게 됐다. 이렇게 행복한 날엔 맘껏 누리고, 힘든 날엔 지난 행복을 꺼내 버틴다. 그러다 보면, 내 삶의 '행복 평균값'은 조금씩 더 높아지지 않을까.

행복을 음미하는 데 도움이 되는 사고 습관

행동으로 나타내기
행복감을 행동으로 나타낸다. 예를 들어 미소 짓기, 노래하기, 기뻐서 껑충 뛰기 등이다.

지금 이 순간에 머물기
지금 이 순간에 머물며 경험이 일어날 때 집중한다. 주의를 분산시키는 요인들을 무시하고 경험에 집중한다.

소통의 기회로 이용하기
긍정적인 경험에 대해 타인과 소통한다. 경험에 대해 기뻐하며 축하한다. 좋은 소식을 타인과 공유한다. 다른 사람을 신나게 만든다.

긍정적인 시간 여행
행복한 기억들을 돌이켜보거나 사람들에게 과거에 공유한 기쁜 일을 상기시킨다. 바라는 미래의 모습을 계획하고 예상한다.

46.
나다운 게 뭔데!

새로운 시도의 의외의 장애물은 OOO?! 나답다? 어쩌면 고정관념일지도 (EP 24) | 무소속 생활자 (팟캐스트)

나다움이란 말은 이제 너무나 진부하다. 90년대 드라마 속 주인공조차 "나다운 게 뭔데!"라며 오글거리는 대사를 외치고는, 규정되기를 거부했다. 그런데 그때보다 오히려 지금, '나다움'을 정의하려는 말들이 넘쳐나는 시대인 게 아이러니하다. 애초에 한 사람이 몇 마디 말로 설명될 만큼 단순한 존재였던가.

이렇게 말하는 나 역시 20대에는 나다움을 정의하는 일에 집착했다. 나를 찾겠다며 관련 워크숍과 모임을 수도 없이 쫓아다녔다. 그때마다 제공된 프레임과 툴에 맞춰 어색한 단어들을 이리저리 조합하며 나를 설명하려 애썼다. 하지만 학교를 벗어나 딱히 해 본 경험도, 깊이 고민해 본 생각도 없던 나의 나다움이란, 기대했던 것과 달리 어딘가 얄팍하고 별 볼 일 없는 모양이었다. 그때의 나는 분명하고 그럴 듯한 말로 설명되지 않는 나 자신이 불안했던 것 같다. 나를 알아 가는 과정이 그리 즐겁지 않았던 것을 보면 말이다.

시간이 흐르면서 알게 됐다. 나다움은 '찾아내는 것'이 아니라 '발견하는 것', 정의할 대상이 아니라 이해할 대상이라는 걸. 마치 아이를 키우는 과정과 닮아 있다. 건강한 부모라면 아이를 소유가 아닌 독립된 존재로 대할 것이다. 신기해하며 흥미롭게 관찰할 것이다. 다양한 상황과 환경 속에서 어떻게 반응하는지, 무엇을 좋아하고 싫어하는지, 어떤 것은 쉽게 배우고 어떤 것은 시간이 걸리는지를 지켜볼 것이다. 그렇게 시간과 경험이 쌓일수록 아이에 대한 새로운 발견이 계속된다. 이제는 다 알았다며 함부로 마침표를 찍지 않을 것이다.

나를 알아 가는 일도 마찬가지가 아닐까. 어디엔가 꽁꽁 숨은 '진짜 나'를 찾아 떠날 필요도, 몇 개의 키워드로 정의할 필요도 없다. 애초에 그럴 수도 없으니까. 중요한 건 나에 대한 흥미를 잃지 않는 것, 그리고 새롭게 바라보는 시각을 유지하는 것이다. 새로운 환경과 경험 속에 나를 밀어넣고, 그 안에서 내가 어떻게 반응하며 변화하는지 신선한 눈으로 관찰해 보면 어떨까. 나를 알아 가는 일에는 평생 마침표를 찍고 싶지 않다.

"나다움에서 출발했지만 왜 모두가 비슷해지고 있을까요?"

47.
움직이면 사라지는 목소리

부정적인 생각과 거리 두는 기술 5   채터: 당신 안의 훼방꾼 | 이선 크로스

내 머릿속에서 끊임없이 떠들어대는 부정적인 목소리, 이른바 '채터'는 아주 유능하다. 내가 신경 쓰지 않아도 혼자 잘 자라고, 삶의 여기저기에 슬며시 끼어들어 영향력을 행사한다. 논리는 엉성한데도 목소리가 크고 말은 많아, 기세로 밀어붙인다. 혼자 있거나 컨디션이 안 좋을 때 자신의 말에 더 힘이 실린다는 것을 알고는 그때를 적극 노린다. 내 감정(F)과 직관(N)을 자극해, 자신의 목소리를 더 오래 맴돌게 만든다. 과거로 데려가 후회와 미련 속에 머무르게 하거나, 불확실한 미래로 데려가 불안에 사로잡히게 해 현재를 소모하게 만드는 걸 즐긴다.

살면서 채터에게 휘둘리는 일이 많았던 나는, 이를 떨쳐내기 위해 다양한 방법을 시도했다. 일기를 쓰며 내 감정과 생각을 정리하거나, 산책으로 기분을 전환하거나, 심리 관련 책을 읽으며 마음을 다루는 법을 익히려 애썼다. 하지만 이런 노력들의 효과는 대개 일시적이고 미미했다. 부정적인 생각을 생각으로 이겨 내려 했던 건, 물속에 퍼진 잉크를 걸러 내리는 것처럼 헛된 일이었다.

오랜 시행착오 끝에 나는 채터를 다스리는 데 꽤 유용한 몇 가지 방법을 알아냈다. 하나, 건강 관리하기. 건강한 신체에 건강한 정신이 깃든다! 이 말은 진리다. 건강할수록 채터의 속삭임을 걸러 낼 힘이 생긴다. 둘, 사람들과 만나기. 혼자 있으면 채터의 목소리를 곱씹으며 부정적인 생각과 감정에 쉽게 매몰된다. 하지만 같은 생각도 다른 사람들과 구체적인 언어로 소리내 이야기하다 보면 더 객관적으로 보게 되고 건설적인 결론에 닿게 된다. 셋, 다양한 취미 활동하기. 손이나 몸을 쓰며 감각을 자극하는 일일수록 좋다. 이런 활동들은 새로운 에너지와 생각을 불러일으키고, 무엇보다 내 주의를 오로지 현재에 붙잡아 둘 수 있다.

이 세 가지 방법은 모두 몸을 쓴다는 공통점이 있다. 나는 하루 종일 혼자 모니터를 보며 일하고, 책을 읽거나 그림을 그린다. 어쩌면 정적인 활동으로 채워진 내 일상이 채터에게는 딱 좋은 놀이터였을지도 모른다. 채터를 잠재우는 데 필요한 건 특별한 기술이 아니라, 나의 하루 안에 정적인 활동과 동적인 활동이 잘 어우러지도록 해 보는 일이겠다.

"우리는 내적 성찰을 통해 내면의 코치를 만나기 바라지만,
안타깝게도 내면의 비판자를 맞닥뜨린다."

48.
습관은 호들갑에서부터

아주 작은 습관의 힘　아주 작은 습관의 힘 | 제임스 클리어

작년 말에 위장 장애가 심해져 건강에 적신호가 왔다. 심하게 낮아진 체지방으로 평소에 즐기던 산책도 줄이고 러닝도 당분간 쉬라는 다소 신선한 처방을 받았다. 대신 저강도 근력 운동을 해 보라고 했다. 근력 운동이 중요하다는 건 알지만, 실내 운동은 답답해 보였고 '나는 근수저라 아직은 안 해도 괜찮아'라며 애써 외면해 왔다. 하지만 이번에는 위기감이 커서 달리 들렸다. 그러고 보니, 근육 많은 사람이 위장 때문에 골골거리는 건 잘 못 본 것 같기도 하고?

난생 처음 1:1 PT를 신청했다. 헬스장 거울 속, 시커먼 운동기구들 사이에 선 낯선 내모습. 안 입던 쫄쫄이 운동복까지 입고 있으니 더 어색했다. PT는 1회에 한 시간. 러닝을 할 때는 동네를 한 바퀴 다 돌아도 40분이면 끝나는데, 이 좁은 데서 한 시간이나? 그렇게 오래할 운동이랄 게 있나! 정말 쓸데없는 걱정이었다. 선생님을 따라 하체와 상체 운동을 종류별로 각 3세트씩 한바퀴를 돌고 나면 거울 속 쫄쫄이는 얼굴까지 시뻘겋게 달아올라 있었다. 시계를 보니 어느새 한 시간이 훌쩍 지나 있었다. 시간이 훅 지나가는 것도 신기했고, 운동 후 찾아오는 개운함과 뿌듯함도 예상보다 더 달콤했다.

어느새 PT 없는 날에도 헬스장을 찾게 됐다. 배운 동작들을 하나씩 복습한다. 1에서 20까지 속으로 세어 가며 한 세트를 채운다. 1분 동안 거친 숨을 내쉬며 헬스장 안을 배회하다가 다시 스무 번을 채우기를 반복하고 다음 동작을 이어 간다. 그러다 문득, 헬스장은 싫다더니 여기서 이러고 있는 내가 낯설기도 웃기기도 해서 피식하고 웃음이 새어 나온다. 사실 그 멋쩍은 웃음을 조금만 들여다보면, 스스로가 신기하고 기특해서 오만 호들갑을 떠는 내가 있다.

'아무도 안 시켰는데 이렇게 혼자 와서 운동을 하고 있다니! 심지어 근력 운동을! 나 좀 멋있는 것 같아…. 나도 하면 할 수 있는 사람이었어!'

이 기분이, 이 감각이 너무 좋아서 또다시 운동복을 갈아입고 헬스장을 향하게 된다. 운동을 시작한지 이제 겨우 두 달 지났지만 처음과 같은 신선하고 즐거운 기분이 그대로다. 그리고 이제는 '운동하는 습관'이 생겼다고 말할 수 있을 것 같다.

습관은 무의식적으로 하는 행동이다. 하지만 좋은 습관을 만들기 위해서는 오히려 '의식적인 행동'이 필요한 것 같다. 습관으로 만들고 싶은 행동을 하면서 스스로를 최대한 의식해 관찰하고, 느끼고, 뿌듯해하는 것. 내적 호들갑을 총동원해 기특해하는 것! 그러면 그 좋은 기분을 또 느끼고 싶어 누가 등 떠밀지 않아도 자연스럽게 반복하게 된다. 좋은 행동을 하는 나를 무덤덤하게 지나치지만 않으면, 좋은 습관을 만드는 일은 생각보다 쉬울지도 모른다.

"자신을 바꾸는 가장 확실한 방법은 자신이 하는 일을 변화시키는 것이다."

49.
모든 삶엔 각자의 시간이 있다

내가 잘못 산다고 말하는 세상에게   내가 잘못 산다고 말하는 세상에게 | 정지우

사촌 결혼식에 가면 미혼 중 최연장자로서 '국수는 언제 먹게 해 줄 거냐, 빨리 결혼해야지'라는 말을 듣는다. 평소에는 전혀 듣지 않던 말인 데다가, 요즘엔 미디어에서 명절 금기어로 꼽히며 희화화될 정도 아닌가. 그런데 21세기에도 아직 이런 질문을? 실제로 그런 말을 들으면, TV에서만 보던 장면을 현실에서 겪는 것 같은 충격과 함께 묘한 불쾌감이 남는다. 결혼식장에서는 맥락에 맞는다는 이유로 그렇게 묻는 사람이 스스로 면죄부를 가졌다고 생각하는 것 같다.

　미국 애틀랜타로 유학 간 동생에게 그곳에서 지내며 가장 좋은 것이 무엇인지 물은 적이 있다. 동생은 한국에서는 대입, 취업, 결혼, 출산까지 자연스럽게 따라야 하는 적기가 있고, 그 시기를 놓치면 문제가 있는 사람처럼 여겨지는 것 같다고 했다. 반면에 미국에서는 다양한 삶의 방식과 생애 주기를 인정하고 존중하기 때문에 남의 눈치를 보지 않고 나만의 삶과 시기에 집중할 수 있다는 점이 좋다고 했다. 나 역시 잠깐이지만 미국을 여행하며 비슷하게 느낀 적이 있어, 깊이 공감됐다.

　물론 인생에는 생물학적으로 '적기'라는 게 존재하는 일들도 있다. 사회적 환경에 따라 더 유리하거나 장려되는 삶의 방식이 있을 수도 있다. 그렇다고 모두가 같은 방식을 따라야 하는 건 아니다. 인생은 결국 각자 자신의 트랙에서 자기 속도로 달리는 거니까. 삶을 한발 물러서서 볼 땐 이렇게 호기롭게 말하는 나지만, 막상 현실에서는 너무 늦은 것은 아닌지, 틀린 것은 아닌지 주변 눈치를 보며 주눅 들 때도 많다. 하지만 정작 나를 가장 위축시키는 건, 바로 내 안에서 들려오는 '나에 대한 의심'인지도 모른다.

　　　　　"힘겨운 싸움을 하는 모든 이들에게 친절하라." 영화 〈원더〉

50.
따끔따끔한 연말

기분이 안 좋은데도 계속 미루는 이유   Why You Procrastinate Even When It Feels Bad | TED-Ed

크리스마스 카드 보내기는 나의 연례행사 중 하나다. 매해 12월, 한 해 동안 고마웠던 사람들에게 직접 만든 카드를 부치며 몽글몽글 따뜻한 연말을 보내기 위해 시작했다. 그런데 아이러니하게도, 이 행사 때문에 최근 몇 년간 아주 불쾌한 연말을 보내고 있다. 그 불쾌함의 근원은 다름 아닌 '미루기'다. 누가 시켜서 하는 일도 아니고 나 좋자고 내가 시작한 일인데도, 나의 카드를 받고 좋아할 사람들의 얼굴을 떠올리기만 해도 크리스마스 선물 같은 기분이 나는데도, 카드를 부치는 일이 그렇게 귀찮을 수가 없다.

    11월이 시작될 무렵 생각한다. 연말에는 우편물이 많아지는 걸 감안해서 여유 있게 카드를 부쳐야지. 그럼 이제 슬슬 카드를 만들어야겠네. 11월에 준비를 끝내고 12월 초쯤 부치면 되겠다. 타이슨이 말했다던가. '누구나 그럴싸한 계획을 갖고 있다. 처맞기 전까지는.' 나도 11월마다 내가 어떤 사람인지 싹 잊고, 긍정 회로만 풀가동해 그럴싸한 계획을 세운다. 하지만 이내 처맞는다. 나의 게으름에게. 그리고 몇 년째 반복되는 수순을 예외 없이 그대로 밟는다.

    11월 마지막 주가 된다. 부칠 카드는 아직 세상에 존재하지 않는다. 찜찜한 마음만 한 달째 지속되고 있다. 냉장고 깊숙이 정체불명의 썩은 음식을 뻔히 알면서도 꺼내기를 미루는 것처럼, 카드 부치는 일의 번거로운 과정을 떠올리며 더 격렬하게 회피한다. 앗, 그사이 12월 됐다. 온 세상 가득한 캐럴이 늦었다는 경보음으로 들린다. 이제 더 이상 물러날 곳이 없다. 카드 제작 시간이 타이트하다. 특단의 대책 하나, 디자인과 퀄리티를 포기한다! 신속한 출고가 최우선이다. 가까스로 카드가 완성됐다, 은은하게 허접한 카드를 하나씩 쓰기 시작한다. 쓰다 보니 길어진다. 안 되겠다, 시간이 없다. 특단의 대책 둘, 슬프지만 받을 사람을 더 추리자! 카톡으로… 인사하지 뭐.

    이렇게 아슬아슬하게, 민망한 이유로 추려진 극소수의 사람들에게 카드를 부치고 행사가 마무리된다. 못 보낸 사람들 생각에 괜히 미안해진다. 올해도 미루고 미루다 요 며칠 혼이 쏙 빠지도록 애를 먹고, 돈은 돈대로 더 들였다. 게으른 나 자신에 화가 난다. '몽글몽글 따뜻'은 무슨, 속이 따끔따끔한 연말이다. 며칠 뒤, 이런 나의 속사정을 알 리 없는 카드 수령자들에게서 잘 받았다며 몽글몽글 애정 가득한 연락이 온다. 휴, 내년은… 조금 다를 수 있을까?

    *나에게 카드를 받다가 언제부턴가 못 받은 사람들이 이 글을 읽을까 두렵지만, 그럼 카톡으로… 연락주세요.

> "당연히 자신에게 해가 될 것으로 예상되는 일을 미루는 것은 비합리적입니다.
> 하지만 아이러니하게도 미루는 것은 우리 몸이 우리를 보호하려는 노력의 결과입니다."

51.
나아가기 위한 브레이크

자기 제한적 신념에서 벗어나는 법! 내성적인 프리랜서 괜찮을까요? | 톰 올브라이턴

가끔 나는 두 개의 브레이크를 달고 사는 것 같다. 하나는 '생각 브레이크', 다른 하나는 '행동 브레이크'.

생각 브레이크는 생각이 지나치게 많아지거나 부정적인 생각이 빠르게 퍼지는 걸 멈추는 역할을 한다. 건강한 자아 정체감이나 긍정성, 집중력 등에 힘입어 작동한다. 문제는 자주 사용하지 않아서 조금 뻑뻑하다는 것. 세게 밟아도 쉽게 멈추지 않는다.

행동 브레이크는 어떤 행동을 멈추는 역할을 한다. 두려움, 불안, 불신 같은 부정적인 생각을 동력으로 삼는다. 살짝 밟아도 금방 멈춘다는 것, 너무 세게 밟으면 다시 움직이기까지 한참 걸린다.

이 두 개의 브레이크가 제대로 작동하지 않을 때, 나는 자연스럽게 '나 못하겠어'라는 생각 브레이크가 늦게 밟혀서 부정적인 생각이 계속해 퍼지고, 그 결과 행동 브레이크가 자동으로 작동하게 된다. 이 악순환에서 벗어나려면 생각 브레이크를 제때 서둘러 밟아야 한다.

나에 대한 부정적인 생각이 퍼져나갈 때, '진짜야? 어떻게 알아? 아닌 적은 없었어?' 하고 나에게 1차로 묻는다.

그래도 생각이 멈추지 않으면, '그게 너한테 도움이 되는 생각이야?' 하고 2차로 묻는다.

만약 이 두 번으로도 멈추지 않으면? 브레이크를 밟아 줄 사람을 찾으면 된다. 생각 브레이크는 꼭 내가 직접 밟지 않아도 된다. 나를 잘 아는 사람, 내가 신뢰하는 사람에게 내 생각을 털어놓으면 된다. 그러면 그들이 대신 밟아 줄 것이다.

브레이크는 무조건 멈추기 위해서가 아니라, 멈춰야 할 때 멈추고 나아갈 땐 힘 있게 나아가기 위해 있는 것이다. 생각 브레이크를 단련하고, 행동 브레이크를 적절히 조절하는 법을 익히자. 그러면 자기 제한적 신념에 갇혀 움직이지 못하는 일이 줄어들 것이다. 내가 내 브레이크를 조절하는 법을 배울 때, 나는 더 멀리, 더 자유롭게 나아갈 수 있다.

"나여! 나를 가로막지 말라🔥" 제이

52.
연말정산은 연초부터

한 해를 회고할 때 기억할 것 3 　에디토리얼 씽킹 | 최혜진

> "홈비디오로 기록한 무편집 영상을 영화라고 부르지 않듯,
> 살아온 모든 순간을 누락 없이 축적한 데이터가 있다고 해도 그것이 삶이 될 순 없다.
> 중요한 것은 자기 서사고, 의미부여다."

달력이 한 장 남았다. 이맘때가 되면 인스타그램과 블로그 피드에 'OOOO년 회고'라는 게시물이 하나둘 올라오기 시작한다. 올해의 책, 콘텐츠, 영화, 전시, 앨범, 여행 등의 항목에 자신만의 답을 적어 가며, 뭉뚱그려진 한 해를 '체에 탈탈 털듯' 남길 것만 가려내는 것이다. 해를 거듭할수록 이 회고 대열에 동참하는 사람이 점점 많아지는 듯하다. 누군가의 회고를 읽다가 내가 읽은 책 제목이나 애정하는 서점 이름이 보이면, 길에서 아는 사람을 마주친 듯 반갑다.

한동안 연말마다 〈연말 정산〉이라는 소책자를 구입했다. 매년 한 해를 돌아볼 수 있는 다채롭고 신선한 질문들이 담겨 있어 매번 은근한 기대감으로 사곤 했다. 지인들과 함께 질문에 답하고 이야기를 나누면 재밌기도 하고, 잊혔던 기억을 되살려 글로 적다 보면 잊고 있던 시간들이 되살아나는 것 같아, 그 자체로 만족스럽다. 하지만 언제부턴가 시들해졌는데, 타인이 던진 질문으로 나의 1년을 돌아보는 데서 오는 한계를 느꼈기 때문이다. 누군가 만든 회고 항목과 질문에는 그 사람의 관점이 담긴다. 그에게 의미 있는 것들이 쓰였을 것이다. 나는 그 점을 의식하지 못한 채 꽤 오래 남이 만든 틀 속에서 내 한 해를 평가해 왔다.

올해의 앨범? 생각나는 게 없는데, 그렇다고 안 들은 건 아니고… 더 의식하면서 들어 볼 걸. 올해의 여행? 해외여행인가? 올해 한 번도 안 나갔는데, 내년에는 여행도 많이 다녀야지! 했다. 음악 애호가도 아니고, 여행이 필수재인 사람도 아니면서. 답을 하기 어려운 질문의 개수만큼, 올해는 무언가 부족하고 최선을 다하지 못한 해처럼 느껴졌고, 새해의 다짐과 과제만 늘어났다.

내 인생에서 무엇에 주목할지는 내가 정해야 한다. 그렇지 않으면 남이 만든 틀에 따라 시간을 채우게 되고, 나만의 의미를 찾기 어려워진다. 그런데 진짜 의미 있는 회고를 하려면 그 기준을 연말이 아닌 연초에 정해야 한다. 그에 따라 매주, 매달 주기적으로 점검해야 한다. 한 해를 '무엇에 마음과 시간을 쓰기로 했는지' 의식하며 보낸다면, 그 마무리는 훨씬 더 뿌듯하지 않을까.

> "해석 가능성이 수천수만 가지일지언정 '나는 이렇게 바라보겠다'는 입장 정리가 필요하다."

제이노트의 '비주얼 노트' 제작 과정

안녕하세요, 제이노트입니다.
저의 노트들 재미있게 보셨나요? 여기까지 봐 주셔서 감사드려요!
계정을 운영하면서 알게 된 사실 하나는 많은 분들이 완성된 노트만이 아니라
그 제작 과정에 더 흥미와 관심을 가져 주신다는 점이었어요.
평소에는 제작 과정을 사진으로만 짧게 공유했는데,
책에서는 조금 더 구체적인 이야기를 나누고 싶었어요.
콘텐츠의 본질이 메시지 전달에 있다면, 결과물의 형태가 어떻든
그 과정에는 서로 닮은 부분이 있다고 생각하는데요.
지금 콘텐츠를 만들고 있거나, 만들고 싶은 분이 계시다면,
저의 노트 제작 과정이 작은 힌트가 되었으면 좋겠습니다.

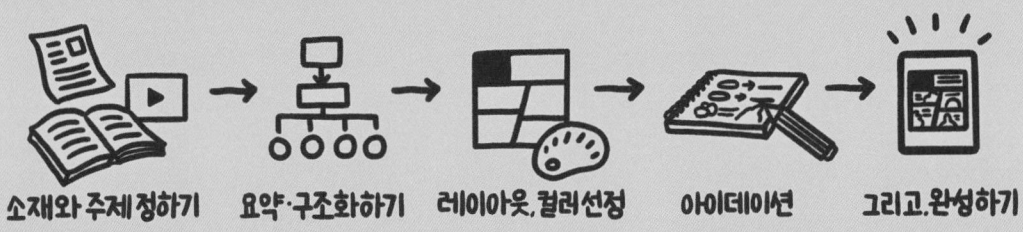

공유를 위한 콘텐츠는 어떻게 만들어지는가

모든 콘텐츠는 언제나 '기록'에서 시작돼요. 하지만 모든 기록이 콘텐츠가 되는 것은 아니죠. 나만을 위한 기록은 대개 스쳐가는 감정이나 생각을 붙잡아 두기 위한 것으로, 아직 다듬어지지 않은 '재료'에 가까워요. 반면 누군가와 공유하기 위한 콘텐츠(노트)는 완결된 형태를 갖추고 있어요. 전달하고자 하는 메시지를 분명히 하고, 이해와 공감을 이끌어 낼 수 있는 구조와 표현을 고민하는 과정을 통해 만들어지죠.

그럼, '나를 위한 기록'을 넘어 '공유하는 기록'은 어떻게 만들어지는지, 그 과정을 소개할게요!

I. 어떤 메시지를 전달할까 : 주제와 소재 정하기

콘텐츠의 시작은 결국 '내가 하고 싶은 이야기'에서 비롯돼요. 평소에 품고 있던 질문이나 고민, 어떤 콘텐츠를 보다가 떠오른 생각, 혹은 일상 속 갑작스러운 깨달음까지… 무엇이든 시작점이 될 수 있죠. 무엇이 먼저인지는 중요하지 않아요. 핵심은, 수많은 이야기들 속에서 불필요한 것들을 덜어내고 '딱 하나의 메시지'만 남기는 거예요.

1) **소재**

책, 유튜브 영상, 영화, 기사, 팟캐스트, 대화 등 일상에서 보고 듣고 경험하는 모든 것이 콘텐츠의 재료가 될 수 있어요. 중요한 건 '나의 관심'을 따라 주체적으로 선택하고 이해하는 것이에요.

2) **주제 선정 기준**

어떤 메시지를 담을 것인지는 매번 고민되는 지점이죠. 저는 아래 3가지 기준을 순서대로 고려해 결정해요.
① 관심 - 내가 좋아하고 관심 가는 내용인가
② 의미 - 다시 볼 만하고 기억할 만한가
③ 가치 - 다른 사람과 공유할 만큼 가치 있는가

2. 어떻게 내용을 구성할까 : 요약, 구조화하기

소재와 주제를 정했다면, 이제 그 메시지를 어떻게 하면 가장 효과적으로 전달할 수 있을지 고민해요.

1) **요약**

    다루는 소재가 책이든 강연이든, 단순히 내용을 있는 그대로 전달하는 일이라면 굳이 내가 할 필요는 없어요. 요즘 시대엔 그런 역할을 챗GPT가 더 빠르고 정확하게 해줄 수 있으니까요. 그럼에도 내가 콘텐츠를 만드는 건, 전달하고 싶은 '의도'가 분명하기 때문이에요. 그 의도를 중심에 두고, 필요한 내용을 간결하고 명확하게 정리해요. 정답을 말하는 요약이 아니라, 메시지와 방향이 있는 요약. 그게 제가 지향하는 방식이에요.

2) **구조화**

    요약된 내용을 담는 틀이 바로 구조예요. 그리고 이 구조는 이후 시각화의 형식이 되기도 해요. 제가 주로 사용하는 기본 구조는 '문제 → 해결'이에요.

① 이런 문제/고민 있지 않아? (문제)
② 그거, 이런 이유 때문일 수 있어. (원인)
③ 그러면 이렇게 해 보는 건 어때? (해결 방법 3~5가지)

이렇게 구조를 잡아 두면 내가 말하고 싶은 핵심이 더 또렷해지고, 시각적으로도 깔끔하게 표현할 수 있어요.

3. 어떤 이미지로 이야기할까 : 시각화하기

소재와 주제를 정했다면, 이제 그 메시지를 어떻게 하면 가장 효과적으로 전달할 수 있을지 고민해요.

1) **레이아웃과 컬러 선정**
   - 구조가 잘 드러나는 레이아웃을 선택해요.
   - 컬러는 2~3개로 제한해 시각적 산만함을 줄이고, 내용에 집중할 수 있도록 해요.
   - 주의할 점: 배경, 인물, 사물, 텍스트 등 같은 종류의 요소에는 동일한 컬러를 사용해 보는 사람의 혼란을 줄여요.

(위) 완성된 노트들. (아래) 그 레이아웃들.

2) 아이데이션
- 구조화한 내용을 단어 또는 문장 단위로 나누고, 각 항목을 어떤 장면, 행동, 사물로 비유할 수 있을지 글로 적어 봐요.
- 아이디어가 잘 떠오르지 않는다면 Pinterest나 Freepik 같은 레퍼런스 사이트를 활용해 이미지를 검색하고 참고해요.
- 아이디어를 선택할 때는 '익숙함과 신선함' 사이에서 적정선을 찾는 게 중요하죠. 공감하기 어렵거나 지나치게 낯선 비유, 누구나 떠올릴 법한 진부한 표현 등은 피하는 게 좋아요.

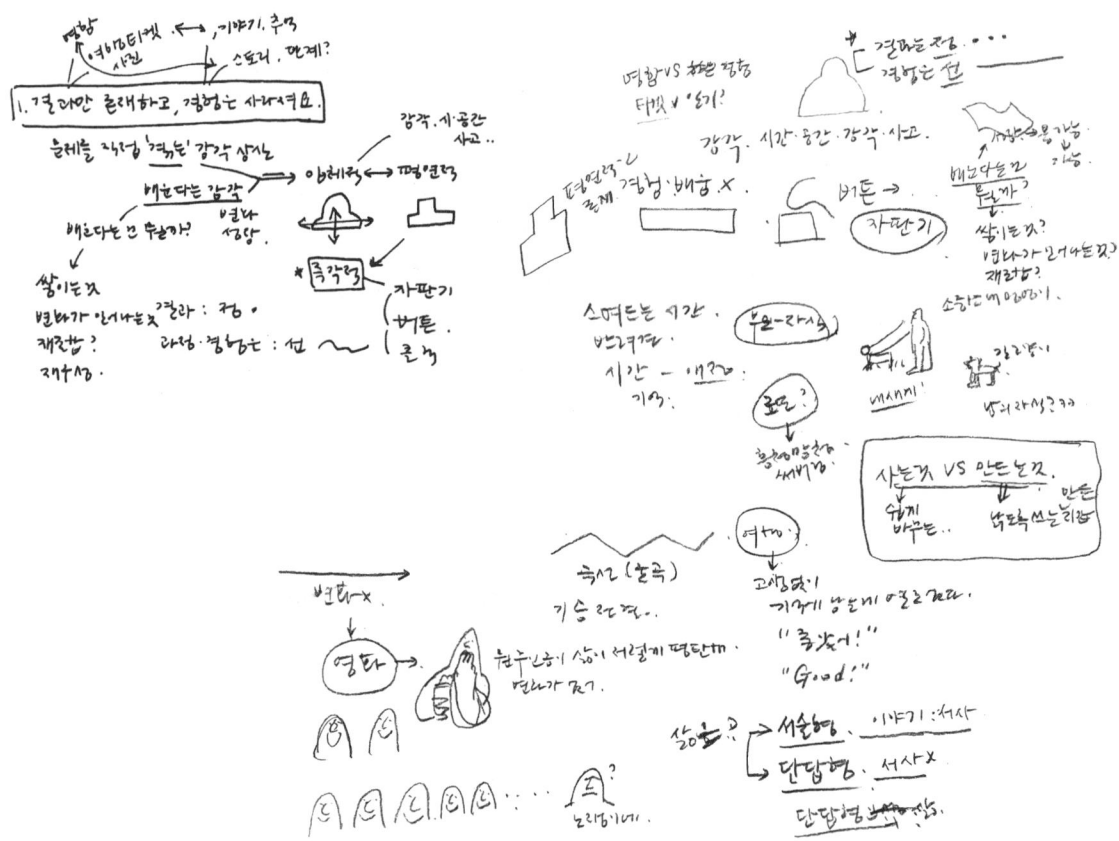

3) **그리고, 완성하기** *iPad의 Procreate 앱을 사용해 그려요.

① 텍스트 입력: 앞서 2번에서 정리한 스크립트의 텍스트를 화면에 써 넣어요. 그림이 들어갈 자리를 고려해 글자 수를 조정해요.

② 스케치: 레이아웃에 맞춰 앞에서 떠올린 이미지를 스케치해요.

③ 선 정리: 스케치를 바탕으로 선을 깔끔하게 정리해요. 필요에 따라 일부 구도나 비율을 조정해요.

④ 컬러 입히기: 캐릭터, 사물, 텍스트 등 같은 종류의 요소에는 동일한 컬러를 적용하면서 시각적 통일감을 줘요.

⑤ 세부 묘사: 캐릭터 주변에 말풍선을 넣거나 움직임을 묘사하는 표현을 추가해요.

⑥ 밀도 높이기: 빈 곳의 여백을 조정하거나 강조하고 싶은 부분을 더해 그림의 집중도와 전달력을 높여요.

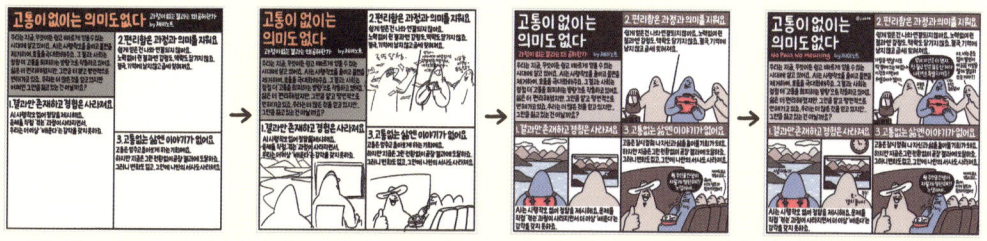

전달하고 싶은 메시지는 늘 '나'에게서 출발하지만, 제작 과정에서는 가능한 한 객관적인 시선을 유지하려고 노력해요. 그래서 작업 중간중간 주변 사람들에게 보여주고 피드백을 받아요. 그렇게 '나만의 기록'이 점차 '함께 나눌 수 있는 기록'으로 바뀌어 가죠.

공감 가는 콘텐츠를 위한 체크리스트

✓ (책을 다룰 경우) 책을 읽지 않은 사람도 이해할 수 있을 만큼 충분한 설명이 되었는가? 너무 장황하거나 너무 많이 생략되진 않았는가?

✓ 메세지에 대해 독자의 "이게 나랑 무슨 상관이지?"라는 물음에 답하고 있는가?

✓ 이미지의 비유나 표현이 공감할 만한가? 너무 뻔하거나, 너무 어렵거나, 지나치게 설명적이지는 않은가?

에필로그

이 책을 엮으면서 지금까지 만든 노트들을 다시 다듬었다. 오타를 수정하고, 가독성을 높여 글자를 다시 적어 넣었다. 그림 속 어색한 과거의 떰즈맨도 최신형 얼굴로 갈아 끼웠고, 색감도 더 임팩트 있게 바꿨다.

노트를 꼼꼼히 다시 살피는 과정에서 나는 예상치 못한 당황스러움을 느꼈다. '내가 언제 이런 내용을 다뤘나' 싶을 만큼 노트의 내용들이 생소해 보였기 때문이다. 만든 지 짧게는 한두 달, 길게는 몇 년이 지나긴 했지만, 하나의 노트를 만들기까지 스무 시간이 넘도록 내용을 곱씹고 이미지 구성을 고민했는데 이렇게 까맣게 잊어버릴 수 있다니! 노트 덕분에 어떤 책을 읽었다는 사실만큼은 잊지 않았으니 다행이라고 해야 하는 건가, 그래도 이렇게 홀랑 잊는 건 너무하지 않나?

나의 무책임한 기억력을 향해 볼멘소리를 하다가, 문득 다른 생각이 들었다. '이렇게 공들여 기록한 것도 쉽게 잊힌다면 하루에도 수없이 쏟아지는 콘텐츠들은 얼마나 더 쉽게 사라질까?'

SNS로 노트를 공유하고부터 많은 사람들과 연결되었다. 연결된 수만큼, 접하게 되는 정보도 당연히 많아졌다. 나의 필요나 선택과 무관하게 일방적으로 내 앞으로 배달되는 수많은 콘텐츠들. 나는 놓치면 안 될 것 같다는 두려움에 별다른 저항도 하지 못한 채 꾸역꾸역 삼키려 애썼던 것 같다. 그렇게 삼킨 것들은 하나도 소화되지 못했고, 지금 나에게 남아 있지도 않다.

프롤로그에서 나는 요즘 흔히 들을 수 있는 메시지를 담았다. '기록, 자신만의 기록, 공유하는 기록'을 하라고. 하지만 지금 이 시대에 더 필요한, 더 많이 이야기되어야 할 것은 '어떻게 기록할 것인가'가 아니라, '무엇을 볼 것인가' 하는 물음이 아닐까.

기록, 그 자체로는 의미가 없다. '무엇을 보느냐'가 내 기록의 의미와 가치를 만든다.

공유를 위한 기록도 우선은 나를 위한 기록이 되어야 한다. 그리고 나를 위한, 나에게 의미 있는 기록은 내가 무엇을 보느냐에 달려 있다. 나의 관심과 필요, 나만의 맥락을 따라 직접 선택해 보는 경험이 주어진 정보들을 수동적으로 받아들이는 것보다 중요하다고 믿는다.

내 노트를 통해 '한 번 읽어 볼까?' 하는 마음이 드는 책을 만났다면 아주 반가울 것 같다. 하지만 그 책이 지금 당신에게 정말 필요한 것이 맞는지, 다른 것을 포기하고 시간을 들일 가치가 있는 것인지 한번쯤 의심해 보는 삐딱함을 나는 더 원한다. 이 책을 덮은 당신의 마음에 완결의 개운함보다 막막하리만치 활짝 열린 질문이 남았으면 좋겠다.

이 페이지까지 읽은 당신이라면, 이런 이야기를 건네도 될 것 같다는 은근한 믿음이 있다.